大全（图鉴版）

《深度军事》编委会◎编著

清华大学出版社
北 京

内 容 简 介

本书是介绍美军武器的军事科普图书，书中精心收录了冷战以来美国军队装备的近两百款经典武器，涵盖军用飞机、军用舰船、军用车辆、重型火炮和导弹、单兵便携式武器、无人武器等类型，完整呈现了美国军队的武器面貌。每款武器都配有精美的整体鉴赏图和局部特写图，有利于读者了解武器构造。为了增强图书的知识性和趣味性，每款武器都添加了一则趣味小知识，作为延伸阅读。

本书内容结构严谨，分析讲解透彻，图片精美丰富，适合广大军事爱好者阅读和收藏，也可以作为青少年的科普读物。

图书在版编目 (CIP) 数据

美军武器大全：图鉴版 /《深度军事》编委会编著 . —北京：清华大学出版社，2020.5（2024.12 重印）
（世界武器大全系列丛书）
ISBN 978-7-302-54261-2

Ⅰ . ①美… Ⅱ . ①深… Ⅲ . ①武器装备—美国—图集 Ⅳ . ① E712.45-64

中国版本图书馆 CIP 数据核字（2019）第 258938 号

责任编辑：李玉萍
封面设计：陈国风
责任校对：张彦彬
责任印制：沈　露

出版发行：清华大学出版社
网　　址：https://www.tup.com.cn, https://www.wqxuetang.com
地　　址：北京清华大学学研大厦 A 座　　**邮　　编**：100084
社 总 机：010-83470000　　**邮　　购**：010-62786544
投稿与读者服务：010-62776969，c-service@tup.tsinghua.edu.cn
质 量 反 馈：010-62772015，zhiliang@tup.tsinghua.edu.cn
印 装 者：三河市龙大印装有限公司
经　　销：全国新华书店
开　　本：146mm×210mm　　**印　　张**：7　　**字　　数**：179 千字
版　　次：2020 年 6 月第 1 版　　**印　　次**：2024 年12月第 7 次印刷
定　　价：49.00 元

产品编号：084606-01

前言

美国是目前世界上唯一的超级大国，在经济、科技、军事等方面都领先其他国家。在 2018 年，美国军费达到 6430 亿美元，排名世界第一，远远超出其他国家。得益于庞大的军费投入，美军也因此成为现今世界上总体实力最强的军队。美军现役部队分为美国陆军、美国空军、美国海军和美国海军陆战队四个军种，分属美国国防部下属的美国陆军部、美国空军部和美国海军部。

美国陆军是一支训练有素、能对从大规模战区战争到维和、人道主义救援或国内救灾等任何一种危机做出反应的全能部队；美国空军是美国空中力量的主要组成部分，同时也是美国战略核力量的一个分支，其编制内有战略空中打击力量和常规空中力量两部分。美国空军的主要任务是进行空中作战、空对地作战以及与其他军中协同作战；美国海军是主要进行海上作战任务，具有在水面、水下及空中作战能力的军种。它既能在海上作战，又能协同陆军和空军作战；美国海军陆战队是一支长期处于戒备状态、擅长登陆作战和具有高度机动性的作战部队，也是美军当中唯一无须国会做出批准总统便可动用的部队。

美国各大军种都拥有不俗的战斗力，一个重要原因就是他们配备了多款领先的武器装备。从庞大的航空母舰战斗群和先进的弹道导弹核潜艇，到神秘的隐身战略轰炸机和强悍的第五代战斗机，以及五花八门的单兵武器和无人武器，无不显示出美国强大的军事工业实力。

本书是介绍美军武器的军事科普图书，全书共分为七章，第一章简明扼要地介绍了美国军队的发展历程、组织架构、征募制度以及美国主要军工企业，其他各章分别介绍了美国军队现役或退役不久的重要飞机、舰船、车辆、重型火炮和导弹、单兵便携式武器、无人武器，基本涵盖了美国各大军种的核心武器。通过阅读本书，读者可以全面认识美军武器，并在一定程度上了解美国的武器发展脉络和军队实力。对于想要进一步学习军事知识的读者，本书还设有配套的电子书，使用手机扫描书中二维码即可进行拓展阅读。

本书是军事爱好者的基础图书，编写团队拥有丰富的军事图书写作经验，并已出版了许多畅销全国的图书作品。本书不仅图文并茂，在资料来源上也更具权威性和准确性。

本书由《深度军事》编委会创作，参与编写的人员有阳晓瑜、陈利华、高丽秋、龚川、何海涛、贺强、胡姝婷、黄启华、黎安芝、黎琪、黎绍文、卢刚、罗于华等。希望读者朋友们能够通过阅读本书循序渐进地提高自己的军事素养。

目录

Chapter 01

美国军队概述

美国作为目前世界上唯一的超级大国，拥有非常强大的军事力量。美国不仅拥有规模和装备均位于世界前列的军队，还拥有世界上最庞大的核武器库，同时是世界唯一在实战中使用过核武器的国家。与之相应，美国也是世界上军费支出最高的国家。

美国军队军种构成

美国军队现役部队分为美国陆军、美国空军、美国海军和美国海军陆战队四个军种，分属美国国防部下属的美国陆军部、美国空军部和美国海军部。美国海军陆战队由美国海军部领导，但是作为单独军种作战。

美国陆军

美国陆军是各大军种中历史最为悠久的一支，其前身在美国独立战争时期便已创立。此后，历经南北战争、“一战”“二战”以及多场局部战争的洗礼，现已发展成为当今世界一流的正规陆军。截至 2019 年 5 月，美国陆军约有现役军人 476000 人，国民警卫队 343000 人，预备役军人 199000 人，总计约 1018000 人。

美国陆军部队分为诸兵种合成军团和独立的军种部队。集团军群是美军在战时才设立的合成军团，平时不设这一级部队。战时设立的数量根据战区作战任务、作战范围而定。集团军是美军实施战役作战的基本军团，也是美国陆军中负有战斗、支援、后勤保障职责的最大独立单位，其编制不固定，根据战时作战任务及可能使用的兵力而定，通常辖 3 个军、9 ～ 15 个师，以及战斗支援和勤务支援部队。师是美国陆军诸兵种合成军团的基本战术兵团，具有独立作战能力和持续作战能力。美军陆军编有机械化步兵师、装甲师、空降师、轻型步兵师。

截至 2019 年 5 月，美国陆军现役战斗部队主要包括第 1 装甲师、第 1 骑兵师、第 1 步兵师、第 2 步兵师、第 3 步兵师、第 4 步兵师、第 10 山地师、第 25 步兵师、第 82 空降师、第 101 空中突击师、第 170 步兵旅、第 172 步兵旅、第 173 空降旅、第 2 斯特赖克装甲团、第 3 骑兵团、第 11 装甲骑兵团等。

尽管目前的美国陆军几乎全部由自愿服役者组成，但是当面对诸如外敌入侵、世界大战的时候，美国陆军可以发布动员令。动员的级别和顺序如下：陆军正规军中的志愿者、陆军预备役全体动员、国民警卫队全体动员、召回所有退伍官兵、正规军中征募新兵并重建新的武装力量单位、召回转业军官和因功离职的募兵、动员各州民兵、动员全国所有未组织的民兵。最后的所有未组织的民兵的动员可以有效地把所有具备战斗能力的男性组织到美国陆军的指挥之下。

美国陆军军旗

美国陆军士兵在伊拉克作战

美国海军

美国海军可分为舰艇部队、舰队航空兵、海上勤务部队和岸基部队四个兵种。其中，海上勤务部队主要包括海上支援部队和海上运输部队，岸基部队主要指海军基地（包括舰艇基地和海军航空站）及其所属部队和机构。截至 2019 年 5 月，美国海军约有 32.4 万现役军人，10.4 万预备役军人。装备方面，约有 280 艘主力舰艇，3700 架飞机。

美国海军的舰艇部队包括水面舰艇部队和潜艇部队，均编入大西洋和太平洋两大战略集团，平时属海军作战部领导，战时归各自所在战区的总部统一指挥。两大集团均采用行政和任务两种编组形式。行政编组分为水面舰艇司令部和潜艇司令部。水面舰艇司令部下辖若干个大队，包括水面舰只大队、巡洋舰驱逐舰大队、两栖舰大队、特种作战大队、扫雷舰大队和供应舰大队等。1 个大队又下辖若干个中队，如 1 个巡洋舰驱逐舰大队由 2 ～ 4 艘巡洋舰和 2 ～ 4 艘驱逐舰中队编成。潜艇部队编制大致相同，只是常规潜舰中队编配 4 ～ 6 艘潜艇，而核潜艇中队可能编配 7 ～ 10 艘潜艇。航空母舰通常编成航空母舰打击群，隶属舰队航空兵司令部。

任务编组是为执行作战、演习、战术训练和某项特定任务而编成的混合舰队。它只负责对所属部队实施战役、战术指挥，不负责其行政事务。所需兵力从各个行政编组抽调，一旦任务完成即归还原行政建制。按照兵力规模，分为作战舰队、特混舰队、特混大队、特混小队和特混支队 5 个级别。作战舰队是海军的战略军团，可独立实施各种大型战役。例如，美国海军太平洋舰队编有第三、第七作战舰队。各舰队编制实力大同小异。此外，各舰队还有一部分军事海运局的后勤辅助舰船随同作战舰艇活动。

海军航空兵也采用行政编组和任务编组两种编成方式。行政编组一般按单一机种编组，负责日常行政管理、飞行训练和物资技术保障等；任务编组是为满足遂行特定任务需要而进行的多机种混合编组。海军航空兵按行政编组分为联队（大队）、中队和分遣队三级。联队是海军航空兵的基本行政和战术单位，下辖 6 ～ 12 个中队，并分为舰队航空联队和舰载机联队。

舰队航空联队又称岸基航空联队，包括巡逻机联队（由 6 ～ 7 个中队组成，每个中队装有 9 架 P-3C 岸基反潜巡逻机）、攻击机联队（由 8 ～ 14 个中队组成，每个中队装有 14 架攻击机）、战斗机联队（由 10 多个中队组成，每个中队装有 12 架战斗机）、战斗 / 攻击机联队（由 10 多个中队组成，每个中队装有 12 架 F/A-18 战斗 / 攻击机）、直升机反潜作战机联队、侦察攻击机联队、母舰警戒联队和战术支援联队等。

舰载机联队是以航空母舰为活动基地的行政管理和战术作战单位。目前，美国海军共编有 10 个现役舰载机联队和 1 个预备役舰载机联队。典型的舰载机联队编有 2 个战斗机中队，各装有战斗机 10 ～ 12 架；2 个战斗 / 攻击机中队，各装有 F/A-18 战斗 / 攻击机 9 ～ 12 架；1 个战术电子战中队，装有 EA-6B 电子战飞机数架；1 个空中预警机中队，装有 E-2C 预警机 4 ～ 5 架。

美国海军军旗

以“尼米兹”号航空母舰为核心的美国海军第 11 航空母舰打击群

美国海军陆战队

美国海军陆战队是美国四大军种里规模最小的一支，但它在美国军事行动中发挥的作用却不容小觑。截至 2019 年 5 月，美国海军陆战队约有 182000 名现役军人，以及 38500 名预备役军人。

美国海军陆战队与美国海军同样归美国国防部下辖的美国海军部指挥。海军陆战队由 4 个主要部分组成：海军陆战队司令部、作战部队、辅助后勤单位及海军陆战队预备部队。其中，作战部队可进一步细分成 3 类：隶属联合作战司令部的海军陆战队、海军陆战队保安团（守卫海军基地）、使馆警卫队（负责国务院驻外使馆安全）。辅助后勤单位包括海军陆战队军营、航空基地、设施等。

目前，美国海军陆战队作战部队部署的基本框架是空地特遣队（Marine Air Ground Task Force，MAGTF），可以根据任务需求、威胁及战场环境不同，灵活调整其组织及规模。空地特遣队的规模由大到小可分为三类：海军陆战远征军（Marine Expeditionary Force，MEF），有 46000 ~ 90000 名陆战队员，具有 60 天的持续作战能力。下辖陆战师、飞行联队和后勤团，由中将指挥；海军陆战远征旅（Marine Expeditionary Brigade，MEB），有 4000 ~ 16000 名陆战队员，具有 30 天的持续作战能力。下辖团级地面战斗部队、航空作战大队和作战后勤团，由少将指挥；海军陆战远征队（Marine Expeditionary Unit，MEU），约有 2200 名陆战队员，具有 15 天的持续作战能力。下辖登陆营、综合飞行中队和作战后勤营，由上校指挥。除了海军陆战远征军以外，其余空地特遣队均是临时组成的任务性组织，非永久存在。

美国海军陆战队军旗

在圣迭戈训练的海军陆战队新兵

美国空军

美国空军分为本土空军和海外空军两大部分，分别编入空战司令部、空军教育与训练司令部、空军器材司令部、空军全球打击司令部、空军预备役司令部、空军航天司令部、空军特种作战司令部、空军机动司令部、欧洲空军司令部和太平洋空军司令部。截至 2019 年 5 月，美国空军约有现役军人 318000 人，全职雇员 140000 人，空军国民警卫队 105700 人，预备役部队 69200 人，总计约 632900 人。

除空军器材司令部和特种作战司令部外，各司令部以下都编有航空队：空战司令部辖第 1、第 9、第 12、第 25 航空队，空军教育与训练司令部辖第 2、第 19 航空队，空军全球打击司令部辖第 8、第 20 航空队，空军预备役司令部辖第 4、第 10、第 22 航空队，空军航天司令部辖第 14、第 24 航空队，空军机动司令部辖第 18 航空队，欧洲空军司令部辖第 3 航空队，太平洋空军司令部辖第 5、第 7、第 11 航空队，总计 18 个航空队。不编航空队的两个司令部，空军器材司令部负责研究、发展、试验和后勤工作，而特种作战司令部直接编配联队。

航空队是美国空军的战役军团，通常支援陆军集团军作战，没有固定编制，现编各航空队除第 1 航空队辖 3 个防空区外，均直辖联队，数量少者 2 个，数量多者 10 个（第 8 航空队和第 19 航空队）。联队是美国空军的基本战术单位，下辖若干中队，通常支援陆军师一级作战。现有联队区分为导弹、空间、轰炸机、战斗机、空运、空中机动、特种作战、训练、基地、空中加油等联队。

美国空军军旗

美国空军士兵参加伞降训练

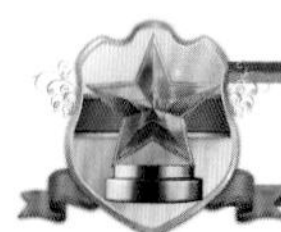

美国军队统帅机构

美国军队的统帅机构由总统、国家安全委员会、国防部以及所属的参谋长联席会议和陆海空三军种部组成。根据美国宪法，三军的最高统帅是美国总统。

国家安全委员会是美国国家安全问题的最高决策机构，直属总统领导。由总统

（委员会主席）、副总统、国务卿、国防部长、财政部长等人组成，由总统国家安全事务助理主持日常工作。该委员会包括高级研究小组、危机处理小组、核查小组、副部长委员会员会、防务计划审议委员会、情报委员会等决策咨询机构。美国中央情报局直属国家安全委员会领导，并在世界建立了了庞大的间谍网。

国防部是军队最高军事行政机构，下辖武装部队政策委员会、国防部长办公厅、参谋长联席会议和陆、海、空三军种总部。武装部队政策委员会是国防部在政策方面的咨议机构，由国防部部长、参谋长联席会议主席、三军种部长、陆军和空军参谋长、海军作战部部长组成，国防部部长为主席。国防部长办公厅设部长、副部长、助理部长、部长助理、总法律顾问和计划分析与鉴定主任等人的办公室以及若干个业务局。

参谋长联席会议是总统、国家安全委员会、国防部部长的军事咨询和作战指挥机构，由参谋长联席会议主席、陆军参谋长、海军作战部长、空军参谋长和海军陆战队司令组成。参谋长联席会议的军事执行机构是联合参谋部，其编制人员陆、海、空三军各占约 1/3，编有人力与人事部、作战部、后勤部、计划与政策部、指挥与通信等机构。

美国国防部标志

参谋长联席会议标志

三军种总部是本军种最高行政领导机关，负责本军种的行政管理、部队建设、战略训练、兵役动员、武器装备研制与采购以及后勤保障。三军种部长为文职官员，由总统提名，经参议院同意后任命。

美国陆军部标志

美国空军部标志

美国海军部标志

美国军队征募制度

美国现行的兵役制度是全志愿兵役制，也就是军方招募，符合条件的年轻人志愿报名入伍。该制度是1973年3月尼克松总统在美军全部撤出越南之后宣布实行的。这一制度既强调爱国主义，宣扬为国家和美国价值观效力，也强调通过较高的福利待遇和大学深造机会来吸引优秀人才加入军队。此前，美国曾实行过民兵制、募兵制、征兵制等兵役制度。

目前，一名入伍1年的美军士兵每年的工资约有2万美元，同时免费享受医疗保健和各类保险，而军官的收入更高。此外，士兵还可以在退伍之后获得政府资助上大学的机会。美国陆军的现行政策规定，服役期满两年的士兵，退役后可以获得2.6万美元的助学金，而服役4年的士兵则最多可获得5万美元的助学金。这一规定吸引了许多贫困家庭的子弟加入军队。另外，美国军方还把目光瞄准了大量的外国移民。根据规定，凡是拥有永久居民身份的外国移民，只要满足条件均可应征入伍，而在军中待满一定年限之后便可转为公民身份。

美国现行兵役组织分为两套机构：一套是国家征兵署负责的政府兵役登记系统；另一套是国防部下属各军种分别进行的募兵系统。根据美国法律，年满18周岁的美国男性青年必须到征兵署及其在全国各地的兵役委员会进行登记。这一兵役登记系统将美国全国分为东北部、南部、中西部、西南部、中部和西部六大区，每大区设一地区局，辖若干州的兵役工作，其基层单位则是遍布全国的2000多个兵役委员会。军方的募兵机构由国防部统一协调，各军种分别进行。各军种的募兵机构名称也各不相同。陆军的叫征兵司令部，空军、海军的叫军事人员中心，海军陆战队的叫人力与预备役事务部。

美国陆军第1步兵师在伊拉克作战

在丛林作战的美国海军陆战队第3师士兵

作为一个保险策略，美国还保持了义务兵役制度，其主要目的是在志愿兵力不能满足战争需要或应付其他国家紧急状态时向军队提供兵力支援。在和平时期，美国义务兵役制度的主要任务是登记美国的潜在兵源。可能被征召入伍的群体由年龄在

18～25 岁的美国男性居民组成。根据现行法律规定，女子不在征兵范围之内，因为美国国防部禁止女兵加入地面作战部队。

有少数几类男子可以自动免除兵役，其中包括：（1）军队中的现役男子；（2）正在军事学院学习或选择大学军官学习计划的男子；（3）在美国持有有效学生、访问者或外交签证的外国公民；（4）某些从事农业的特定外来人员；（5）医院或精神病机构中不能自由行动的病人；（6）无法参加公共活动的残疾人；（7）罪犯。除以上几类情况外，其他所有年龄在 18 ～ 25 岁的美国男性居民都应在具备资格后 30 天内进行登记。符合这一规定的人员可以通过电子邮件、互联网、普通邮件或高中设立的义务兵役登记处进行登记。大多数美国居民在度过 18 岁生日之后就符合登记条件了，其他人在不再享有免役条件时也应该进行登记（例如，从军事院校毕业之日）。符合条件的外国人需要在入境后 30 天内进行登记。

美国空军第五航空军的维护人员正在检修 F-15 战斗机

美国海军第五舰队部分舰只在波斯湾航行

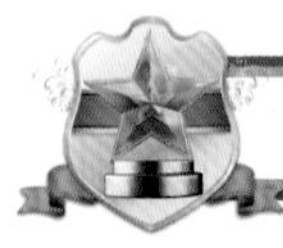

美国重要军工企业

洛克希德·马丁公司

洛克希德·马丁公司（Lockheed Martin）的前身是洛克希德公司，创建于 1912 年，是一家美国航空航天制造商。洛克希德公司在 1995 年与马丁·玛丽埃塔公司合并，并更名为洛克希德·马丁公司。目前，洛克希德·马丁公司的总部位于美国马里兰州蒙哥马利县的贝塞斯达。

洛克希德·马丁公司是美国最大的武器制造商，在航空、航天、电子领域均居世界前列。在航天方面，它控制着美国全部军用卫星的生产及发射业务；在导弹方面，它是美国洲际导弹的主要制造商。同时，洛克希德·马丁公司在战略导弹系统、战略导弹防御系统、战术导弹系统、反坦克导弹及机载电子设备方面也拥有优势。

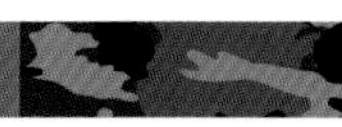

在瑞典斯德哥尔摩国际和平研究所发布的全球军工百强企业排行榜上，洛克希德·马丁公司长期位列世界第一。

洛克希德·马丁公司高级开发项目的官方认可绰号是"臭鼬工厂"（Skunk Works），以担任秘密研究计划为主，研制了洛克希德·马丁公司的许多著名飞行器产品，包括 U-2"蛟龙夫人"侦察机、SR-71"黑鸟"侦察机、F-117"夜鹰"攻击机、F-35"闪电 II"战斗机、F-22"猛禽"战斗机等。

洛克希德·马丁公司 Logo

波音公司

波音公司（Boeing）成立于 1916 年 7 月 15 日，1997 年与原麦克唐纳·道格拉斯公司（曾经是美国最大的军用飞机生产商）合并后，一跃成为全球航空航天业的领袖公司，也是世界上最大的民用和军用飞机制造商之一。目前，波音公司的总部位于美国伊利诺伊州芝加哥，在美国境内及全球 70 个国家共有员工 17 万多人。在瑞典斯德哥尔摩国际和平研究所发布的全球军工百强企业排行榜上，波音公司名列世界第二。

目前，波音公司由 4 个主要的业务集团组成：波音金融公司、波音民用飞机集团、波音连接公司和波音综合国防系统集团。其中，波音综合国防系统集团是美国航空航天局最大的承包商，运营着航天飞机和国际空间站。该集团可以设计、制造、改装战斗机、轰炸机、运输机、旋翼机、空中加油机、导弹及武器系统并提供相关支持，而且处于无人驾驶系统军事技术领域的前沿。波音综合国防系统集团还支持着美国政府的数个重要国防项目，包括防御署的地基中程防御项目、国家侦察办公室的未来成像系统、美国空军运载火箭项目等。作为系统集成商，该集团还承接了美国陆军的未来作战系统和联合战术无线电系统，美国国防部的先进超视距终端系列，以及美国运输部的爆炸物探测系统等。

波音公司 Logo

诺斯洛普·格鲁曼公司

诺斯洛普·格鲁曼公司是美国主要的航空航天飞行器制造厂商之一，由原诺斯洛普公司和格鲁曼公司于 1994 年合并而成。同年，诺斯洛普·格鲁曼公司收购了沃特飞机公司；1996 年又收购了威斯汀豪斯电气公司的防务和电子系统分部；1997 年完成了与防务信息技术公司的合并。1997 年 7 月，诺斯洛普·格鲁曼和洛克希德·马丁公司提出合并，以便进一步加强全球竞争力，但出于反垄断等考虑，美国政府未予批准。诺斯洛普·格鲁曼公司在全球防务商排第三位，也是最大的雷达与军舰制造商。

目前，诺斯洛普·格鲁曼公司总部位于加利福尼亚州圣迭戈。该公司在电子和系统集成、军用轰炸机、战斗机、侦察机以及军用和民用飞机部件、精密武器和信息系统等领域具有很大优势。诺思罗普·格鲁曼公司的董事会是最高决策机构，下设 5 个分部及 1 个中心，即军用飞机系统分部、电子和系统集成分部、民用飞机分部、数据系统及服务分部、电子传感器和系统分部、先进技术和设计中心。

NORTHROP GRUMMAN

诺斯洛普·格鲁曼公司 Logo

通用电气公司

1892 年，爱迪生电灯公司和汤姆森·休斯顿电气公司合并，成立了通用电气公司（General Electric）。时至今日，通用电气公司已成为一家多元化的科技、媒体和金融服务公司，其产品和服务范围广阔，从军火、飞机发动机、发电设备、水处理和安防技术，到医疗成像、商务和消费者金融、媒体等。

目前，通用电气公司的总部位于美国马萨诸塞州波士顿。除了生产消费电器、工业电器设备外，通用电气公司还是一个巨大的军火承包商，制造宇宙航空仪表、喷气飞机引航导航系统、多弹头弹道导弹系统、雷达和宇宙飞行系统等。闻名于世的可载原子弹和氢弹头的“阿特拉斯”火箭、“雷神”号火箭就是通用电气公司的产品。

通用电气公司 Logo

Chapter 02

军用飞机

美国是飞机的诞生地，但美国的航空技术曾长期落后于欧洲，直到“二战”后才一跃而领先于世界其他国家，至今依然雄踞世界航空技术之巅。目前，美国各大军种都装备了不少性能先进的军用飞机。

F-14“雄猫”战斗机

F-14“雄猫”（F-14 Tomcat）战斗机是格鲁曼公司研制的舰载战斗机，专门负责以航空母舰为中心的舰队防卫任务，在美国海军中从 1974 年服役至 2006 年。

F-14 战斗机驾驶舱内部特写

F-14 战斗机尾喷口特写

基本参数	
长度	19.1 米
高度	4.88 米
翼展	19.54 米
重量	19838 千克
最高速度	2485 千米 / 时
相关简介	

研发历史

1967 年 7 月，美国海军向各大飞机制造公司发出了新型舰载战斗机的招标。1968 年 2 月，格鲁曼公司的设计方案中标，并获得制造 6 架原型机 / 预生产型的合同，新机军用编号是 F-14。1970 年 12 月 21 日，原型机首次试飞。1974 年 9 月，F-14 战斗机正式服役，主要用于替换性能逐渐落伍的 F-4“鬼怪 II”战斗机。1987 年，装备改进型发动机的 F-14B 正式投产。1988 年，该机在雷达、航空电子设备和导弹挂载能力等方面经过了进一步改进升级，并定名为 F-14D。

实战性能

F-14 战斗机的固定武器为 1 门 20 毫米 M61 机炮，10 个外挂点可搭载 AIM-54“不死鸟”、AIM-7“麻雀”和 AIM-9“响尾蛇”等空对空导弹，以及联合直接攻击弹药、Mk 80 系列常规炸弹、Mk 20“石眼”集束炸弹、“铺路”系列激光制导炸弹等武器。F-14 战斗机装备了 AN/AWG-9 远程火控雷达系统，可在 140 千米的距离上锁定敌机。该机还装备了当时独有的资料链，可将雷达探测到的资料与其他 F-14 战斗机分享，雷达画面能显示其他 F-14 战斗机探测到的目标。

趣味小知识

在托尼·斯科特执导、汤姆·克鲁斯主演的电影《壮志凌云》（*Top Gun*）中，作为电影故事背景的美国海军战斗机武器学校就是用 F-14 战斗机作为学员的训练用机。

F-15“鹰”式战斗机

F-15“鹰”式（F-15 Eagle）战斗机是麦克唐纳·道格拉斯公司研制的全天候双发战斗机，1976 年 1 月开始服役。

F-15 战斗机驾驶舱外部特写

基本参数	
长度	19.43 米
高度	5.68 米
翼展	13.03 米
重量	12973 千克
最高速度	3000 千米 / 时
相关简介	

F-15 战斗机尾喷口特写

研发历史

F-15 战斗机是由 1962 年展开的 F-X（Fighter-Experimental）计划发展出来。在战斗机世代上，按照原先的欧美标准被归类为第三代战斗机，现在已和俄罗斯标准统一为第四代战机。该机的设计思想是替换在越南战场上问题层出的 F-4 战斗机，要求对 1975 年之后出现的任何敌方战斗机保持绝对的空中优势，设计时要求其“没有 1 磅重量用于对地”。该机主要有 A 型、B 型、C 型、D 型四种型号，其中 A 型和 C 型为单座型，B 型和 D 型为双座型。美国空军计划让 F-15 战斗机服役至 2025 年。

实战性能

F-15 战斗机使用的多功能脉冲多普勒雷达具备较好的下视搜索能力，利用多普勒效应可避免目标的讯号被地面噪声所掩盖，能追踪树梢高度的小型高速目标。F-15 战斗机装有 1 门 20 毫米 M61A1 机炮，另有 11 个外挂点（机翼 6 个，机身 5 个），总挂载量达 7300 千克，可使用 AIM-7、AIM-9 和 AIM-120 等空对空导弹，以及包括 Mk 80 系列无导引炸弹在内的多种对地武器。

趣味小知识

F-15 战斗机在电影作品中大出风头：1984 年推出的科幻卡通影片《变形金刚》当中，红蜘蛛、雷公和天钩都是变形成为 F-15 战斗机；1996 年的《独立日》中，F-15 战斗机曾护卫过总统的空军一号；2005 年的《世界之战》中，一个联队的 F-15E 战斗机以 AIM-9 导弹攻击外星人的三足载具。

F-15E“攻击鹰”战斗轰炸机

F-15E“攻击鹰”(F-15E Strike Eagle)战斗轰炸机是麦道公司在 F-15“鹰”式战斗机的基础上改进而来的双座超音速战斗轰炸机，从 1989 年开始服役，截至 2019 年 4 月制造了 420 架。

基本参数	
长度	19.43 米
高度	5.63 米
翼展	13.05 米
重量	14515 千克
最高速度	3060 千米 / 时
相关简介	

F-15E 战斗轰炸机驾驶舱外部特写

F-15E 战斗轰炸机发动机尾喷口特写

研发历史

1981 年 3 月，美国空军发布“增强型战术战斗机”(Enhanced Tactical Fighter，ETF)计划，以取代 F-111 战斗轰炸机。通用动力公司提交的机型是 F-16XL，用以与麦道公司的 F-15 衍生型 F-15E 竞争，最后 F-15E 获选。F-15E 于 1986 年 12 月首次试飞，而第一架生产型于 1988 年 4 月交付使用。1989 年 10 月，F-15E 在北卡罗来纳州的山缪强森空军基地达到初始作战能力。另外，F-15E 的衍生型也包括以色列的 F-15I、沙特阿拉伯的 F-15S、韩国的 F-15K、新加坡的 F-15T 等。

实战性能

F-15E 战斗轰炸机兼具对地攻击和空战能力，其外形与 F-15D 战斗机基本相同，主要区别为 F-15E 重新设计了发动机舱以及部分结构，使航程增加了 33%。F-15E 战斗轰炸机的固定武器是 1 门 20 毫米 M61A1 机炮，机翼挂架和机腹挂架共可携带 10400 千克炸弹。

趣味小知识

F-15E 战斗轰炸机在“沙漠风暴”行动中，完成了上千次的行动，并且以摄影机拍下炸弹攻击的影像。只有两架 F-15E 战斗轰炸机在战斗中损失。

F-16“战隼”战斗机

F-16“战隼”（F-16 Falcon）战斗机是通用动力公司（1993 年通用动力公司将飞机制造事业出售给洛克希德公司）为美国空军研制的多功能喷气式战斗机，属于第四代战斗机。

F-16 战斗机头部特写

F-16 战斗机发动机尾喷口特写

基本参数	
长度	15.02 米
高度	5.09 米
翼展	9.45 米
重量	8272 千克
最高速度	2173 千米 / 时
相关简介	

研发历史

F-16 战斗机原本是通用动力公司研制的低成本、单座轻型战斗机，第一种生产型于 1979 年 1 月进入现役。后几经改进，前后有 F-16A、F-16B、F-16C、F-16D、F-16E、F-16F、F-16V、F-16I 和 F-16ADF 等十余种型号。目前，F-16 战斗机的总产量超过 4500 架。除美国外，以色列、埃及、土耳其、韩国、希腊、荷兰、丹麦和挪威等 20 多个国家也有订购。冷战后，美国空军对军机的需求量下降，通用动力公司于 1992 年 12 月宣布将 F-16 战斗机的生产线卖给了洛克希德·马丁公司。

实战性能

F-16 战斗机是美国第一种能够进行 9G 过载机动的战斗机，也是美国最早采用电传操纵系统、人体工程学座舱的战斗机之一。该机装有 1 门 20 毫米 M61“火神”机炮，备弹 511 发。该机可以携带的导弹包括 AIM-7、AIM-9、AIM-120、AGM-65、AGM-88、AGM-84、AGM-119 等，另外还可挂载 AGM-154 联合防区外武器、CBU-87/89/97 集束炸弹、GBU-39 小直径炸弹、Mk 80 系列无导引炸弹、“铺路”系列制导炸弹、联合直接攻击炸弹、B61 核弹等。

趣味小知识

在海湾战争中，美国空军在实战中首次使用了 F-16 战斗机。该机是海湾战争中部署量最多的一种飞机（共计 251 架），共出动了 13480 架次，在美军飞机中出动率最高，平均每架飞机出动 537 次。在战争中，F-16 战斗机执行了战略进攻、争夺制空权、压制防空兵器、空中遮断等任务。

F/A-18“大黄蜂”战斗/攻击机

F/A-18“大黄蜂”（F/A-18 Hornet）战斗/攻击机是美国专门针对航空母舰起降而开发的对空/对地全天候多功能舰载机，1983年1月开始服役。

F/A-18战斗/攻击机立尾特写

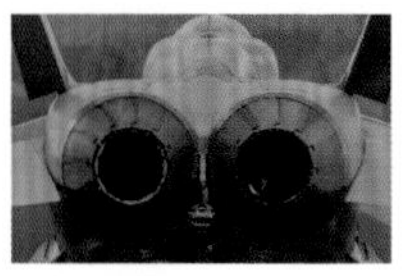

F/A-18战斗/攻击机发动机尾喷口特写

研发历史

基本参数	
长度	17.1米
高度	4.7米
翼展	11.43米
重量	11200千克
最高速度	1814千米/时
相关简介	

F/A-18战斗/攻击机的研发历史最早可以追溯到美国空军发展的轻型战机（LWF）计划，当时通用公司与诺斯洛普公司（现诺斯洛普·格鲁曼公司）获得最后决选权，分别发展出YF-16与YF-17两种原型机，其中YF-16被美国空军选中。而YF-17虽然在这次计划中落选，却在数年后赢得美国海军的空战战机（ACF）计划。当时，诺斯洛普、波音与制造海军飞机经验丰富的麦克唐纳·道格拉斯公司合作，以YF-17原型机为蓝本开发出海军版的原型机，并打败由F-16衍生出的舰载机版本。最初计划制造战斗机版F-18与攻击机版A-18两种型号，但最终采纳美国海军的意见将其合二为一变成F/A-18战斗/攻击机。

实战性能

F/A-18战斗/攻击机的主要特点是可靠性和维护性好，生存能力强，大仰角飞行性能好以及武器投射精度高。该机的固定武器为1门20毫米M61A1机炮，F/A-18A/B/C/D有9个外挂点，其中翼端2个、翼下4个、机腹3个，外挂载荷最高可达6215千克。F/A-18E/F的外挂点有所增加，不但能携带更多的武器，而且可外挂5个副油箱，并具备空中加油能力。

趣味小知识

1991年的海湾战争中，共190架F/A-18战斗/攻击机参战，其中美国海军有106架，美国海军陆战队有84架。在行动中，有1架损失于战斗，2架损失于非战斗事故。另外有3架受到地对空导弹攻击，但是返回基地经过维修后恢复了作战能力。

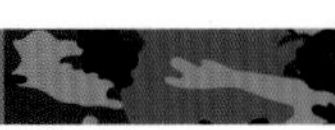

F-22“猛禽”战斗机

F-22“猛禽”（F-22 Raptor）战斗机是洛克希德·马丁公司研制的单座双发高隐身性第五代战斗机，是世界上最先服役的第五代战斗机，一共制造了 195 架。

F-22 战斗机尾部特写

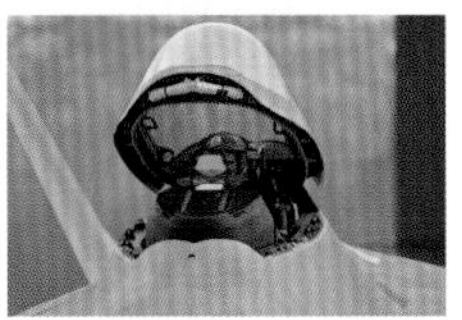

F-22 战斗机驾驶舱外部特写

研发历史

F-22 战斗机的研发最早可以追溯到 1971 年，当时美国战术空军指挥部提出了先进战术战斗机（Advanced Tactical Fighter，ATF）计划。由于经费的原因，这个计划一直被推迟到 1982 年 10 月才最终定案，同时提出技术要求。1986 年，以洛克希德公司（尚未与马丁公司合并）和波音公司为主的研制小组提出 YF-22 方案，并中标。1997 年，洛克希德·马丁公司首次公开 F-22 战斗机，并正式将其命名为“猛禽”。2005 年 12 月，F-22 战斗机正式服役。因法规的限制，F-22 战斗机无法出口，美国空军暂时是唯一使用者。

基本参数	
长度	18.92 米
高度	5.08 米
翼展	13.56 米
重量	19700 千克
最高速度	2410 千米 / 时
相关简介	

实战性能

F-22 战斗机在设计上具备超音速巡航（不需使用加力燃烧室）、超视距作战、高机动性、对雷达与红外线隐形等特性。该机装有 1 门 20 毫米 M61“火神”机炮，备弹 480 发。在空对空构型时，通常携带 6 枚 AIM-120 先进中程空对空导弹和 2 枚 AIM-9“响尾蛇”空对空导弹。在空对地构型时，则携带 2 枚联合直接攻击弹药（或 8 枚 GBU-39 小直径炸弹）、2 枚 AIM-120 先进中程空对空导弹和 2 枚 AIM-9“响尾蛇”空对空导弹。

趣味小知识

在 2007 年电影《变形金刚》中，“狂派”阵营的天王星就是以 F-22 战斗机的形态在地球战斗，对抗一支 F-22 战斗机编队，并于最后离开地球。

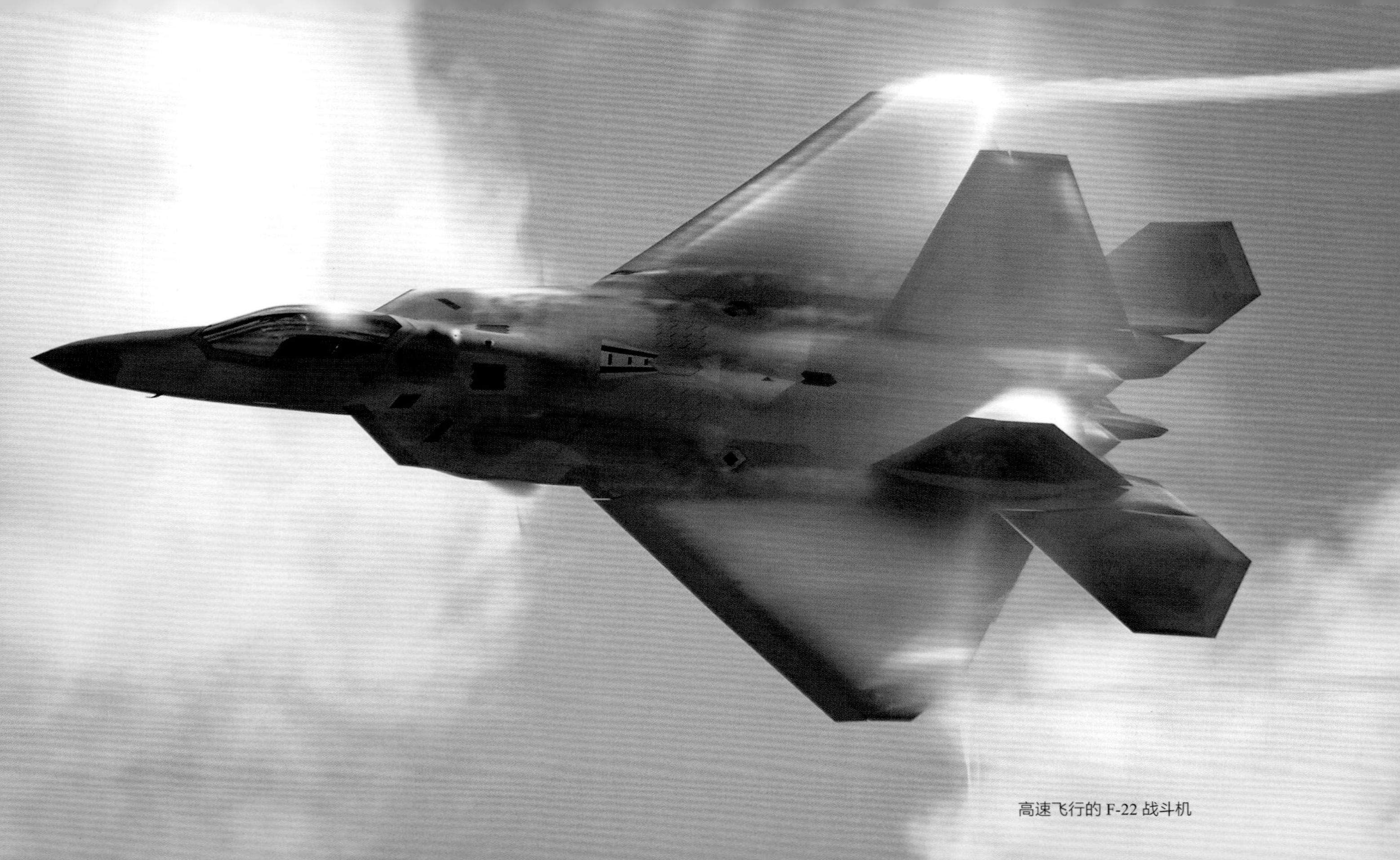

高速飞行的 F-22 战斗机

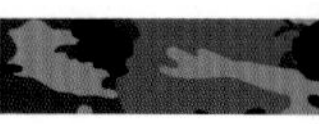

F-35“闪电 II”战斗机

F-35“闪电 II”（F-35 Lightning II）战斗机是洛克希德·马丁公司研制的单发单座多用途战机，2015 年 7 月开始服役。

F-35 战斗机配备的头盔显示器

F-35 战斗机驾驶舱外部特写

研发历史

F-35 战斗机源于美军的“联合打击战斗机”（Joint Strike Fighter，JSF）计划，主要用于前线支援、目标轰炸、防空截击等多种任务，并由此发展出三种主要的衍生版本，包括采用传统跑道起降的 F-35A 型，短距离 / 垂直起降的 F-35B 型，以及作为舰载机的 F-35C 型。2015 年 7 月，F-35B 型开始进入美国海军陆战队服役。2016 年 8 月，F-35A 型也开始进入美国空军服役。至于 F-35C 型，则计划在 2018 年进入美国海军服役。

基本参数	
长度	15.67 米
高度	4.33 米
翼展	10.7 米
重量	13154 千克
最高速度	1930 千米 / 时
相关简介	

实战性能

与美国以往的战机相比，F-35 战斗机具有廉价耐用的隐身技术、较低的维护成本，并用头盔显示器完全替代了抬头显示器。因后发优势，F-35 战斗机在某些方面反而比 F-22 战斗机更先进。F-35 战斗机装有 1 门 25 毫米 GAU-12/A“平衡者”机炮，备弹 180 发。除机炮外，F-35 战斗机还可以挂载 AIM-9X、AIM-120、AGM-88、AGM-154、AGM-158、海军打击导弹、远程反舰导弹等多种导弹武器，并可使用联合直接攻击炸弹、风修正弹药撒布器、“铺路”系列制导炸弹、GBU-39 小直径炸弹、Mk 80 系列无导引炸弹、CBU-100 集束炸弹、B61 核弹等，火力十分强劲。

趣味小知识

F-35 战斗机采用古德里奇公司为其量身定制的起落架系统，配备固特异公司制造的“智能”轮胎，轮胎中内置了传感器和发射装置，可以监测胎压胎温。

F-35 战斗机双机编队

AV-8B“海鹞 II”攻击机

AV-8B“海鹞 II”（AV-8B Harrier II）攻击机是麦克唐纳·道格拉斯公司生产的舰载垂直/短距起降攻击机，一共制造了 337 架，从 1985 年服役至今。

AV-8B 攻击机驾驶舱外部特写

AV-8B 攻击机特写

研发历史

AV-8B 攻击机不是由美国自行研发的机种，而是美军现役中极少数从国外引进、取得生产权的武器系统。该机的原始设计源自英国的“鹞”式攻击机，在美国生产的编号为 AV-8A，用作近距离的空中支援和侦察。有鉴于 AV-8A 攻击机的性能不能完全满足美国海军陆战队的需要，尤其是在载弹量方面。于是，麦克唐纳·道格拉斯公司和英国宇航公司对其进行了改进，将 AV-8A 攻击机改进成为 AV-8B 攻击机。AV-8B 攻击机的生产型于 1981 年 11 月首次试飞，1985 年正式服役。

基本参数	
长度	14.12 米
高度	3.55 米
翼展	9.25 米
重量	6745 千克
最高速度	1083 千米/时
相关简介	

实战性能

AV-8B 攻击机安装了前视红外探测系统、夜视镜等夜间攻击设备，夜间战斗能力很强。该机的起飞滑跑距离不到 F-16 战斗机的 1/3，适于前线使用。AV-8B 攻击机的机身下有 2 个机炮/弹药舱，各装 1 门 5 管 25 毫米机炮，备弹 300 发。该机还有 7 个外部挂架，可挂载 AIM-9L“响尾蛇”导弹、AGM -65“小牛”导弹，以及各类炸弹和火箭弹。

趣味小知识

1991 年海湾战争中，美国海军在沙特阿拉伯部署了 60 架 AV-8B 攻击机，参与了对伊拉克的空袭。

A-10“雷电 II”攻击机

A-10“雷电 II”（A-10 Thunderbolt II）攻击机是费尔柴德公司研制的双发单座攻击机，一共制造了 716 架，从 1977 年服役至今。

A-10 攻击机发动机尾喷口特写

A-10 攻击机头部特写

研制历史

A-10 攻击机源于美国空军在 1966 年 9 月展开的攻击机试验计划，其绰号来自二战时期在密接支援任务上表现出色的 P-47“雷电”攻击机。A-10 攻击机于 1972 年 5 月首次试飞，1977 年开始装备美国空军。该机有多个型号，在经过升级和改进之后，预计一部分 A-10 攻击机将会持续使用至 2028 年。

基本参数	
长度	16.16 米
高度	4.42 米
翼展	17.42 米
重量	11321 千克
最高速度	706 千米 / 时
相关简介	

实战性能

A-10 攻击机在低空低速时有优异的机动性，可以在相当短的跑道上起飞及降落，并能在接近前线的简陋机场运作，因此可以在短时间内抵达战区。A-10 攻击机的滞空时间相当长，能够长时间盘旋于任务区域附近并在 300 米以下的低空执行任务。A-10 攻击机在前机身内左下侧安装了 1 门 30 毫米 GAU-8 型 7 管“加特林”机炮，最大备弹量 1350 发。该机有 11 个外挂架（每侧机翼下 4 个，机身下 3 个），最大载弹量为 7260 千克。

趣味小知识

1991 年海湾战争是 A-10 攻击机第一次参与实战，144 架 A-10 攻击机进行了近 8100 架次任务，共摧毁了伊拉克 900 多辆坦克、2000 辆其他战斗车辆以及 1200 个火炮据点，成为该战役中效率最高的战机。

AC-130 攻击机

AC-130 攻击机是洛克希德公司研制的空中炮艇机，一共制造了 47 架，至今仍在服役。

AC-130 攻击机的驾驶舱外部特写

AC-130 攻击机安装的机枪和机炮

研发历史

基本参数	
长度	29.8 米
高度	11.7 米
翼展	40.4 米
重量	69750 千克
最高速度	480 千米 / 时
相关简介	

1967 年，美国空军决定改装 C-130“大力神”运输机为新一代的“空中炮艇”，以取代载重量、飞行性能都难以满足作战需求的 AC-47 攻击机。同年，第一架 AC-130A 在怀特 - 佩特森空军基地改装完毕。1967 年 9 月，AC-130A 开始进行为期 90 天的实战试验。随后开始批量改装 AC-130 投入战场，作战时常常与 AC-119 攻击机混编。在服役期间，AC-130 共出现过 5 种不同的版本，分别是洛克希德公司负责改装的 AC-130A/E/H 三型，由罗克韦尔公司负责的 AC-130U“幽灵”（AC-130U Spooky）和 AC-130J“鬼面骑士”（AC-130J Ghostrider）。

实战性能

AC-130 攻击机以 C-130 运输机为基础改进而来，在机门、机舱侧面等处加装了搜索瞄准装置和机炮，增加武器挂架，成为“空中炮艇”。该机安装有各种不同口径的机炮，后期机种甚至搭载了博福斯炮或榴弹炮等重型火炮。以 AC-130U 为例，机载武器包含了 1 门侧向的博福斯 40 毫米 L/60 速射炮与 M102 型 105 毫米榴弹炮。原本在 AC-130H 上的 2 门 M61 机炮被 1 门 25 毫米 GAU-12 机炮所取代，拥有 3000 发弹药。

趣味小知识

AC-130 攻击机参与过海湾战争、入侵巴拿马、巴尔干半岛冲突、伊拉克战争和阿富汗的行动。

F-117“夜鹰”攻击机

F-117“夜鹰”（F-117 Nighthawk）攻击机是美国洛克希德公司研制的一款双发单座隐身攻击机，1983 年开始服役，2008 年退出现役。

F-117 攻击机驾驶舱外部特写

F-117 攻击机驾驶舱内部特写

研发历史

基本参数	
长度	20.09 米
高度	3.78 米
翼展	13.20 米
重量	13380 千克
最高速度	993 千米 / 时
相关简介	

F-117 攻击机的研制工作始于 20 世纪 70 年代中期，共制造了 5 架原型机，1981 年 6 月 15 日试飞定型，次年 8 月 23 日开始向美国空军交付，共交付了 59 架生产型。F-117 攻击机服役后一直处于保密状态，直到 1988 年 11 月 10 日，美国空军才首次公布了它的照片。1989 年 4 月，F-117 攻击机在内华达州的内利斯空军基地公开面世。值得一提的是，一名资深的 F-117 攻击机研发团队成员曾在电视节目里表示，以 F 命名的军用航空器比较容易吸引顶尖一流的美国空军飞行员，以 A 或 B 来命名反而不具吸引力。这或许是“夜鹰”身为攻击机却以 F 命名的重要原因之一。

实战性能

F-117 攻击机可进行空中加油，加油口位于机身背部。该机的两个武器舱拥有 2300 千克的装载能力，理论上可以携带美国空军军械库内的任何武器，包括 B61 核弹。少数炸弹因为体积太大，或与 F-117 攻击机的系统不相容而无法携带。

趣味小知识

F-117 攻击机的外形与众不同，整架飞机几乎全由直线构成，连机翼和 V 形尾翼也都采用了没有曲线的菱形翼型。

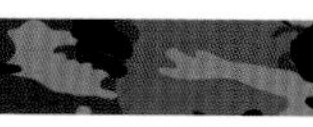

B-52“同温层堡垒”轰炸机

B-52“同温层堡垒”（B-52 Stratofortress）轰炸机是波音公司研制的一款八发远程战略轰炸机，一共制造了744架，从1955年服役至今。

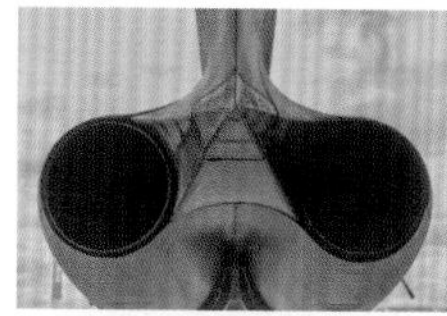
B-52轰炸机发动机特写

B-52轰炸机驾驶舱内部特写

研发历史

B-52轰炸机于1948年提出设计方案，1952年第一架原型机首次试飞，1955年批量生产型开始交付使用，先后发展了B-52A、B-52B、B-52C、B-52D、B-52E、B-52F、B-52G、B-52H等型别。由于B-52轰炸机的升限最高可处于地球同温层，所以被称为“同温层堡垒”。1962年，B-52轰炸机停止生产，前后共生产了744架。该机服役时间极长，时至今日已经超过半个世纪，但它仍然是美国空军战略轰炸的主力，美国空军还计划让其持续服役至2050年。

基本参数	
长度	48.5 米
高度	12.4 米
翼展	56.4 米
重量	83250 千克
最高速度	1000 千米 / 时
相关简介	

实战性能

B-52轰炸机安装有1门20毫米M61“火神”机炮，另外还可以携带31500千克各种常规炸弹、导弹或核弹，载弹量非常大。Mk 28核炸弹是B-52轰炸机的主战装备，在弹舱内特制的双层挂架上可以密集携带4枚，分两层各并列放置2枚。为增强突防能力，B-52轰炸机还装备了AGM-28“大猎犬”巡航导弹。值得一提的是，B-52轰炸机是美国现役战略轰炸机中唯一可以发射巡航导弹的机种。

趣味小知识

海湾战争中，美国空军装备的B-52G轰炸机全程参加了对伊拉克的空袭作战。B-52G轰炸机42天中共出动了1624架次，投弹25700吨，包括72000枚炸弹，占美国总投弹量的29%和美国空军总投弹量的38%。

B-1B“枪骑兵”轰炸机

B-1B“枪骑兵”（B-1B Lancer）轰炸机是北美飞机公司研制的超音速可变后掠翼重型远程战略轰炸机，共制造了100架，从1986年服役至今。

B-1B轰炸机弹仓内部特写

B-1B轰炸机驾驶舱内部特写

研发历史

基本参数	
长度	44.5米
高度	10.4米
翼展	41.8米
重量	87100千克
最高速度	1529千米/时
相关简介	

早在20世纪50年代末，美国空军就已经计划发展一种最高速度可达3马赫的战略轰炸机XB-70，但该计划后来流产。在放弃B-70后，美国空军又计划发展一种以音速低空进攻为主的轰炸机。20世纪70年代，北美航空提出以B-70的技术为基础研制B-1轰炸机，造出4架B-1A原型机，并于1974年首次试飞，后由于造价昂贵遭到卡特总统取消。1981年，里根总统上任后，美国空军恢复了订购。新的B-1B原型机于1983年3月首飞，1985年开始批量生产。

实战性能

B-1B轰炸机是美国空军战略威慑的主要力量，也是美国现役数量最多的战略轰炸机。该机有6个外挂点，可携挂27000千克炸弹。此外，还有3个内置弹舱，可携挂34000千克炸弹。得益于由前方监视雷达和自动操纵装置组合而成的地形追踪系统，B-1B轰炸机在平坦的地面上可降低到60米的飞行高度。

趣味小知识

1999年，6架B-1B轰炸机投入北约各国对塞尔维亚所进行的联合轰炸任务，并在仅占总飞行架次2%的情形下，投掷了超过20%的弹药量。

B-2“幽灵”轰炸机

B-2“幽灵”（B-2 Spirit）轰炸机是诺斯洛普·格鲁曼公司和波音公司研制的隐身战略轰炸机，共制造了21架，从1997年服役至今。

B-2 轰炸机驾驶舱外部特写

B-2 轰炸机驾驶舱内部特写

研发历史

基本参数	
长度	21 米
高度	5.18 米
翼展	52.4 米
重量	71700 千克
最高速度	764 千米/时
相关简介	

1981年10月20日，诺斯洛普/波音团队打败洛克希德/洛克威尔团队，赢得先进技术轰炸机(Advanced Technology Bomber，ATB)计划，在麻省理工学院科学家协助下为美国空军研制生产新型轰炸机。1989年7月，B-2原型机首次试飞，之后又经历了军方进行的多次试飞和严格检验，生产厂家还不断根据空军所提出的种种意见而进行设计修改。1997年，B-2轰炸机正式服役。因造价太过昂贵和保养维护复杂，B-2轰炸机至今只生产了21架。

实战性能

由于采用了先进奇特的外形结构，B-2轰炸机的可探测性极低，它能够在较危险的区域飞行，执行战略轰炸任务。该机航程超过10000千米，而且具备空中加油能力，大大增强了作战半径。该机每次执行任务的空中飞行时间一般不少于10小时。美国空军称其具有“全球到达”和“全球摧毁”的能力，可在接到命令后数小时内由美国本土起飞，攻击全球大部分地区的目标，是空战中隐身性与准确性的一大革命。该机没有固定武器，最多可以携带23000千克炸弹。

趣味小知识

1999年，在北约对塞尔维亚的军事行动中，美军多架B-2轰炸机由美国本土直飞塞尔维亚，其间共投下600多枚联合直接攻击弹药（JDAM）。

P-3“猎户座”反潜巡逻机

P-3“猎户座”（P-3 Orion）反潜巡逻机是洛克希德公司（现洛克希德·马丁公司）研制的海上巡逻和反潜飞机，共制造了757架，从1962年服役至今。

P-3反潜巡逻机头部特写

P-3反潜巡逻机起落架特写

研发历史

基本参数	
长度	35.61米
高度	10.27米
翼展	30.37米
重量	27890千克
最高速度	761千米/时
相关简介	

1957年8月，美国海军开始寻找P-2“海王星”反潜巡逻机的后继机，为此发布了新的高性能反潜机的设计草案。为了早日列装，同时也节省一些经费，美国海军建议制造商通过改进现有的飞机以满足这一要求。因此，洛克希德公司选择在L-188“伊莱克特拉”民航客机的基础上设计新型反潜巡逻机。洛克希德公司于1958年中标，同年8月9日气动原型机首次试飞，搭载全部设备的YP-3A于1959年11月25日试飞。1962年8月，P-3反潜巡逻机正式服役。该机于1990年停止生产，洛克希德公司共生产了650架，日本川崎重工业公司通过授权生产了107架。

实战性能

P-3反潜巡逻机的机载电子设备功能强大，有AN/APS-115机载搜索雷达、LTN-72惯性导航和AN/APN-227远程导航系统、AN/ASW飞行控制系统、AN/ASQ-114通用资料计算机、AN/AYA-8资料处理设备和计算机控制显示系统、AQS磁异探测器、ASA-64水下异常探测器、ARR-72声呐信号接收机、AN/ACQ-5数据链，以及ALQ-64电子对抗设备等。机翼前有1个3.91米长的弹舱，机翼下有10个挂架，可以携带AGM-65空对地导弹、AGM-84反舰导弹、Mk 46鱼雷、Mk 50鱼雷、MU-90鱼雷以及深水炸弹、水雷等武器，还可以携带各种声呐浮标、水上浮标和照明弹等。

趣味小知识

1987年9月13日，挪威空军的一架P-3B反潜巡逻机在巴伦支海苏联沿岸执行侦察任务时，遭遇苏联空军第10防空军第941飞行团的一架苏-27战斗机拦截。苏-27三次逼近P-3B，第3次逼近P-3B时，从P-3B的右翼下方高速掠过，用垂直尾翼在P-3B的右侧的一号发动机上，像被手术刀划开了一个大口子，造成右外发动机当即宕机，P-3B险些坠毁，而苏联战机则因垂尾损坏很快返航。

P-8“波塞冬”反潜巡逻机

P-8“波塞冬”（P-8 Poseidon）反潜巡逻机是波音公司研制的反潜巡逻机，2013 年开始服役，截至 2019 年 4 月共制造了 106 架。

P-8 反潜巡逻机尾部特写

P-8 反潜巡逻机驾驶舱特写

研发历史

基本参数	
长度	39.47 米
高度	12.83 米
翼展	37.94 米
重量	62730 千克
最高速度	907 千米 / 时
相关简介	

21 世纪初，美国海军计划发展新一代反潜巡逻机。2004 年 6 月，美国海军比较波音公司与洛克希德·马丁两家公司规划案在技术、管理、经费、时程等方面的差异后，宣布由波音公司赢得总金额 39 亿美元的系统发展验证合约，并制造 5 架全尺寸原型机和 2 架生产型飞机。2005 年 3 月，美国海军为新型反潜巡逻机赋予 P-8 编号，2005 年 11 月完成初步设计审查。2009 年 4 月，P-8 反潜巡逻机首次试飞。2013 年 11 月，P-8 反潜巡逻机进入美国海军服役。此外，该机还被澳大利亚空军、印度海军、挪威空军、英国空军采用。

实战性能

与 P-3 反潜巡逻机相比，P-8 反潜巡逻机内部的大空间能安装更多设备，翼下也能挂载更多武器。P-8 反潜巡逻机有 5 个内置武器挂载点与 6 个外置武器挂载点，可以使用 AGM-84“鱼叉”反舰导弹和 AGM-65“小牛”空对地导弹，还可挂载 15000 千克炸弹、鱼雷或水雷等武器。该机装有雷神公司研制的 AN/APY-10 雷达，具有 6 种不同的工作模式。

趣味小知识

2014 年，从马航 MH370 客机失联后的第一天起，东南亚地区的海军就派出了海上巡逻机来搜救这架飞机以及任何可能的幸存者。美国海军派出了最先进的 P-8A 巡逻机。

S-3"维京"反潜机

S-3"维京"（S-3 Viking）反潜机是洛克希德公司（现洛克希德·马丁公司）研制的双发喷气式反潜机，共制造了188架，从1974年服役至2016年。

S-3反潜机驾驶舱外部外部特写

S-3反潜机翼下挂架特写

研发历史

S-3反潜机是针对美国海军20世纪70年代后半期反潜任务而设计的舰载反潜机，用以取代S-2反潜机，以配合P-3反潜巡逻机使用。美国海军于1967年12月提出S-3反潜机的研制计划，1969年8月1日与洛克希德公司签订S-3反潜机研制合同，1971年11月8日原型机出厂，1972年1月12日首次试飞，1974年2月20日开始交付美国海军使用。该机于1978年停止生产，共生产了188架。

基本参数	
长度	16.26米
高度	6.93米
翼展	20.93米
重量	12057千克
最高速度	795千米/时
相关简介	

实战性能

S-3反潜机采用AN/ALR-47型ECM电子战系统，具有电子支援（ESM）、电子情报收集（ELINT）、雷达侦测（RWR）3种功能。该机的分隔式武器舱内备有BRU-14/A炸弹架，可装4枚Mk 36空投水雷、4枚Mk 46鱼雷、4枚Mk 82炸弹、2枚Mk 57或4枚Mk 54深水炸弹，或者装4枚Mk 53水雷。BRU-11/A炸弹架安装在两翼下的外挂架上，可带SUU-44/A照明弹发射器，Mk 52、Mk 55或Mk 56水雷、Mk 20集束炸弹、Aero 1D副油箱，或2具LAU-68A、LAU-61/A、LAU-69/A或LAU-10A/A火箭巢。

趣味小知识

2003年5月1日，时任美国总统小布什在圣迭戈登上S-3反潜机副驾驶位置，降落在"林肯"号航空母舰上，随后向全世界宣布伊拉克战争大规模作战行动结束。

EP-3“猎户座”电子战飞机

EP-3“猎户座”（EP-3 Orion）电子战飞机是 P-3“猎户座”反潜巡逻机的电子战改型，共制造了 16 架，从 1969 年服役至今。

EP-3 电子战飞机头部特写

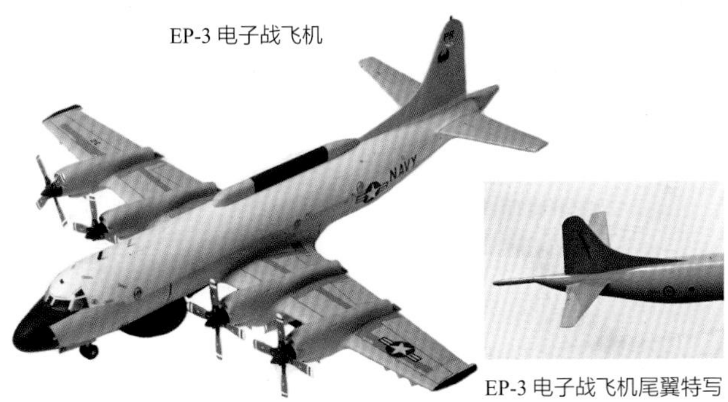

EP-3 电子战飞机

EP-3 电子战飞机尾翼特写

研发历史

EP-3 电子战飞机于 1962 年首次试飞，1969 年开始服役，先后有 EP-3A 和 EP-3B 两种型号。1974 年，EP-3 电子战飞机全面替换了 EC-121“超级星座”电子战飞机。此后，洛克希德公司又推出了深入改进型 EP-3E。美国海军一共拥有 11 架 EP-3 电子战飞机，最后一架于 1997 年交付。此外，日本海上自卫队也装备了 5 架 EP-3 电子战飞机。

基本参数	
长度	35.57 米
高度	10.27 米
翼展	30.36 米
重量	35000 千克
最高速度	780 千米 / 时
相关简介	

实战性能

EP-3 电子战飞机的主要任务为电子监听，其机载电子设备多由德克萨斯州 L-3 通信综合系统公司提供，主要电子设备包括 ALQ-76 电子干扰器、ALQ-78 自动化电子支持措施、ALQ-108 敌我识别器干扰器、ALR-132 红外线干扰器、ALR-52 自发式频率测量装备、AAR-37 红外线侦测器等。该机的机组人员有 24 名，包括 7 名军官，3 名飞行员、1 名导航员、3 名战术程序员、1 名飞行工程师，其余为设备操作员、技术员、机械员等。

趣味小知识

美国海军每个电子战中队都拥有 9 架 EP-3 电子战飞机，及 250 名编制内的作战人员。每个电子战中队均会在海外基地，如西太平洋、印度洋、大西洋等地区进行 6 个月的驻防执勤，通常驻防结束后会在本土进行为期 1 年的训练。

EA-6“徘徊者”电子战飞机

EA-6“徘徊者”（EA-6 Prowler）电子战飞机是格鲁曼公司研制的舰载双发电子战飞机，由 A-6 攻击机改进而来，主要有 A 型和 B 型两种型号。该机共制造了 191 架，从 1971 年服役至 2019 年。

EA-6 电子战飞机尾翼特写

EA-6 电子战飞机头部特写

研发历史

EA-6 电子战飞机于 1960 年开始研制，前 6 架的机体是以 A-6A 双座攻击机改装而成，初期编号为 A2F-1Q，第一架于 1963 年 4 月首次试飞，同时将编号改为 EA-6A。1964 年，EA-6A 开始服役，前后共制造了 21 架。改进型 EA-6B 于 1968 年 5 月首次试飞，1971 年 7 月开始服役，主要用户为美国海军和美国海军陆战队。2015 年，EA-6B 从美国海军退役。2019 年 3 月，从美国海军陆战队退役。

基本参数	
长度	17.7 米
高度	4.9 米
翼展	15.9 米
重量	15450 千克
最高速度	1050 千米 / 时
相关简介	

实战性能

EA-6 电子战飞机的核心是 AN/ALQ-99 战术干扰系统，同时还可以携带 5 个外挂电子干扰吊舱。每个吊舱装有 2 个干扰收发机，干扰机可干扰 7 个波段中的 1 个。每个吊舱可自行独立供电，由吊舱前端的气动风扇驱动发电机供电。EA-6 电子战飞机能根据任务组合携带吊舱、副油箱和 AGM-88“哈姆”反雷达导弹。该机垂尾上的整流罩内装有灵敏的监视天线，能够探测到远方的雷达辐射信号。各种信号由中央任务计算机处理，探测、识别、定向和干扰频率设定可自动完成，也可由机组人员执行。

趣味小知识

在海湾战争中，EA-6B、EF-111A 和 F-4G3 种电子战飞机一起组成联合编队，近距离压制地面防空火力的制导、瞄准系统和通信指挥控制系统。

EA-18G“咆哮者”电子战飞机

EA-18G“咆哮者”（EA-18G Growler）电子战飞机是波音公司以 F/A-18F“超级大黄蜂”战斗 / 攻击机为基础研制的电子战飞机，从 2009 年服役至今。

EA-18G 折叠机翼特写

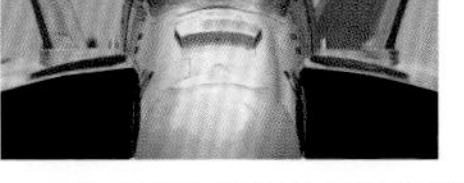

EA-18G 电子战飞机驾驶舱外部特写

基本参数	
长度	18.31 米
高度	4.88 米
翼展	13.62 米
重量	15011 千克
最高速度	1900 千米 / 时
相关简介	

研发历史

21 世纪初，美国海军装备的 EA-6B 电子战飞机已经服役多年，虽然经过多次现代化改造，但机体结构的老化绝对不容忽视。另外，EA-6B 电子战飞机的机动性能不佳，没有空战能力，执行任务必须依靠其他战机护航。所以，面对未来战场严峻的形势，美国海军迫切需要装备新一代电子战飞机。2002 年 12 月，美国海军正式启动 EA-18G 电子战飞机项目，波音公司是主承包商，诺斯洛普 · 格鲁曼公司负责集成电子战套件。2006 年 8 月，波音公司第一架量产型 EA-18G 电子战飞机首次试飞。在经过众多测试后，EA-18G 电子战飞机于 2009 年 9 月正式服役。

实战性能

作为 F/A-18E/F 战斗 / 攻击机的衍生机型，EA-18G 电子战飞机具有和前者相同的机动性能，也具备 F/A-18E/F 战斗 / 攻击机的作战能力，因此完全可以胜任随队电子支援任务。EA-18G 电子战飞机拥有强大的电磁攻击能力，凭借诺斯洛普 · 格鲁曼公司为其设计的 ALQ-218V(2) 战术接收机和新的 ALQ-99 战术电子干扰吊舱，它可以高效地执行对面空导弹雷达系统的压制任务。该机可挂载和投放多种武器，其中包括 AGM-88“哈姆”反辐射导弹和 AIM-120 空对空导弹，虽然 EA-18G 电子战飞机没有内置机炮，但其具备相当的空战能力，不仅足以自卫，甚至可以执行护航任务。

趣味小知识

EA-18G 电子战飞机的 AN/APG-79 型机载雷达由雷锡恩公司设计制造，这种具备电子对抗能力的雷达采用了与第五代战斗机 F-22、F-35 相同的“有源电扫阵列”技术。

EC-130H“罗盘呼叫”电子战飞机

EC-130H“罗盘呼叫”（EC-130H Compass Call）电子战飞机是美国空军装备的专用于干扰敌方通信的电子战飞机，共制造了 14 架，从 1982 年服役至今。

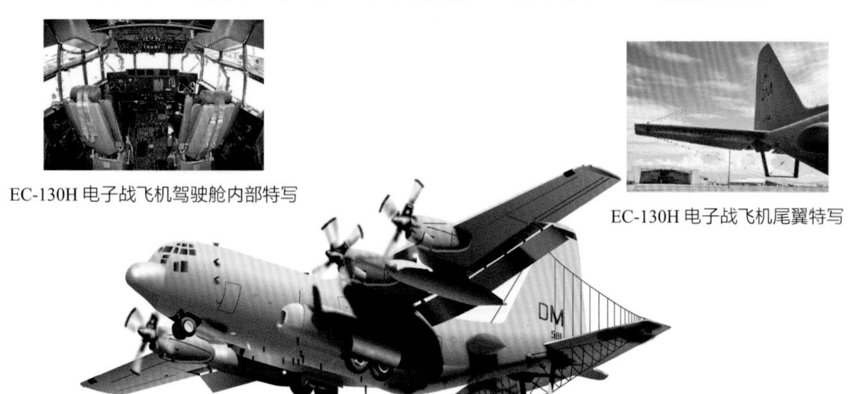

EC-130H 电子战飞机驾驶舱内部特写

EC-130H 电子战飞机尾翼特写

研发历史

EC-130H 电子战飞机是洛克希德公司在 C-130 运输机的基础上发展起来的电子战飞机，可对敌方空军无线电通信和指挥系统以及导航设施进行干扰。该机于 1982 年 4 月正式服役，主要供美国空军进行 C3 对抗。

基本参数	
长度	29.3 米
高度	11.4 米
翼展	39.7 米
重量	45813 千克
最高速度	637 千米 / 时
相关简介	

实战性能

EC-130H 电子战飞机的主要电子设备包括 AN/ALQ-62 侦察告警系统、SPASM 干扰系统、AN/APQ-122 多功能雷达、AN/APN-147 多普勒雷达、AN/AAQ-15 红外侦察系统，AN/ARN-52“塔康”导航系统等。该机的干扰距离远，可在距目标区 120 千米以外对通信设备进行干扰，既能达到干扰目的，又可保证本机安全。另外，该机干扰频率宽、功率大，可一面接收敌方通信信号，一面对其无线电指挥通信和导航设备进行压制干扰。

趣味小知识

科索沃战争中，美军派出 4 架 EC-130H 电子战飞机参战，对南联盟通信系统实施全方位干扰压制。

RC-135“铆接”侦察机

RC-135“铆接”（RC-135 Rivet Joint）侦察机是美国波音公司以波音 707 机体改装而成的四发战略侦察机，1965 年开始服役。

RC-135 侦察机头部特写

RC-135 侦察机尾翼特写

基本参数	
长度	41.53 米
高度	12.7 米
翼展	39.88 米
重量	79545 千克
最高速度	933 千米 / 时
相关简介	

研发历史

RC-135 侦察机于 1965 年 4 月首次试飞，同年开始服役。自问世以来，RC-135 侦察机出现了多种改进型，包括 RC-135A、RC-135S、RC-135U、RC-135V、RC-135W、RC-135X 等。其中，RC-135S 是侦察弹道导弹的主要机型，是美国战区导弹防御计划的重要组成部分。而与 RC-135S 不同，RC-135V 和 RC-135W 重点收集的目标是电磁信号，任务是实时侦测空中各种电磁波信息，对目标进行定位、分析、记录和信息处理。

实战性能

RC-135 侦察机的飞行高度通常在 15000 米以上，巡航速度为 860 千米 / 时，续航时间超过 12 小时，由于各种型号的 RC-135 侦察机都装有空中加油装置，因此，实际上的飞行时间大大超过 12 小时，空中滞留时间最长可达 20 小时。RC-135 侦察机在执行侦察任务时的最大优势是可在公共空域进行侦察活动，无须进入敌方领空，或者过于贴近敌方领空活动。该机的电子光学探测系统可以与美国空军战机和地面指挥中心甚至与卫星直接联系，能够把情报在第一时间里传递给世界范围内的美军战区指挥官。

趣味小知识

RC-135 侦察机主要装备美国空中战斗司令部下属的第 55 联队，该联队驻扎在美国本土的奥福特空军基地（Offutt Air Force Base），因此，RC-135 侦察机的机尾都有 OF 字样。

U-2“蛟龙夫人”侦察机

U-2“蛟龙夫人”（U-2 Dragon Lady）侦察机是美国洛克希德公司研制的单发高空侦察机，1956 年开始服役。

U-2 侦察机头部特写

U-2 侦察机起落架特写

研发历史

U-2 侦察机的研制工作始于 20 世纪 50 年代，由于它的研制属于高度机密，所以不能使用侦察机代号。为了隐藏其真实用途，美国空军于 1955 年 7 月选择了 U（utility，多用途）这个代号，将其命名为 U-2。1955 年 8 月 1 日，U-2 原型机首次试飞。1956 年 5 月，首批 4 架 U-2 侦察机开始服役。1960 年 5 月 1 日，U-2 侦察机在苏联境内首次被击落，由此被世人所知。

基本参数	
长度	19.2 米
高度	4.88 米
翼展	31.4 米
重量	6486 千克
最高速度	805 千米 / 时
相关简介	

实战性能

U-2 侦察机装有高分辨率摄影组合系统，能在 4 小时内拍下宽 200 千米、长 4300 千米范围内地面景物的清晰图像，并冲印出 4000 张照片用于情报分析。此外，U-2 侦察机还装有先进的电子侦察设备，不仅能侦察到对方陆空联络、空中指挥的无线电信息，还能测出对方的雷达信号。该机被公认为美国空军中最具挑战性的机种，对飞行员的技术要求甚高。其修长的机翼令 U-2 侦察机有跟滑翔机相似的飞行特性，对侧风极其敏感，并倾向于跑道上飘浮，使得着陆变得非常困难。

趣味小知识

由于要在高空执行任务，U-2 侦察机的飞行员必须穿着一种类似宇航服的压力衣，使其免受缺氧、减压症和严寒等威胁。

E-2“鹰眼”预警机

E-2“鹰眼”（E-2 Hawkeye）预警机是诺斯洛普·格鲁曼公司研制的舰载预警机，1964 年 1 月开始服役。E-2 预警机是美国海军目前唯一使用的舰载预警机，也是世界上产量最大、使用国家最多的预警机。

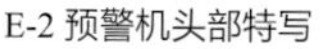

E-2 预警机头部特写

E-2 预警机的雷达官

研发历史

基本参数	
长度	17.6 米
高度	5.58 米
翼展	24.56 米
重量	18090 千克
最高速度	648 千米 / 时
相关简介	

20 世纪 50 年代，“福莱斯特”级航空母舰陆续进入美国海军服役，该舰能操作更大型的舰载机，因此，美国海军开始规划功能更强大的新一代舰载空中管制预警机，整合当时尚在建构的“海军战术资料系统”（NTDS），这就是 E-2 系列预警机的由来。E-2 预警机的首架原型机于 1960 年制造完成，同年 10 月 21 日首次试飞。E-2 预警机的第一种量产型号为 E-2A，1964 年 1 月交付美国海军。1969 年 2 月，改良型 E-2B 首次试飞。1973 年，改良幅度更大的 E-2C 入役。20 世纪 90 年代末期，E-2C 又推出新的改良型，称为 E-2C“鹰眼 2000”。此后，美国海军又提出了“先进鹰眼”计划，推出了 E-2D。

实战性能

早期的 E-2 预警机（E-2A）使用 AN/APS-96 雷达，探测距离约 200 千米，可同时追踪 250 个目标。之后，E-2 预警机陆续换装了 AN/APS-111（E-2B 使用，具备内陆操作能力）、AN/APS-120（E-2C 使用，配备新的强化稳定性发射机、自动探测器和拥有恒定误警率电路的系统计算机）、AN/APY-9（E-2D 使用）等新型雷达，性能进一步提升。E-2C 还加装了 AN/ALR-59（后来升级为 AN/ALR-73）被动探测系统。与水面船舰的雷达相较，E-2 预警机不受地形与地平线造成的搜索范围限制，而居高临下的搜索方式使得任何空中的敌机或导弹都无所遁形。

趣味小知识

1982 年，以色列装备的 E-2C 预警机曾在贝卡谷地之役中指挥以色列空军进行接战，这是除了美国海军以外 E-2C 预警机的主要实战记录。

E-3“望楼”预警机

E-3“望楼”（E-3 Sentry）预警机是美国波音公司生产的全天候空中预警机，1977 年开始服役。

E-3 预警机天线罩特写

E-3 预警机驾驶舱特写

基本参数	
长度	46.61 米
高度	12.6 米
翼展	44.42 米
重量	73480 千克
最高速度	855 千米 / 时
相关简介	

研发历史

20 世纪 60 年代初，由于轰炸机速度的提高、低空突防方式的广泛采用，以及远距离空对地导弹的出现，原有防空警戒系统已不能满足需要。从 1962 年起，美国空军开始考虑发展新的警戒系统。1963 年，美国空军防空司令部与战术空军司令部提出了“空中警戒和控制系统”计划。1970 年，波音公司的方案被选中。1975 年 10 月，E-3 预警机的第一架原型机首次试飞。1977 年 3 月，E-3 预警机第一架生产型交付使用。该机先后发展出 E-3A、E-3B、E-3C、E-3D、E-3F、E-3G 等多种型号，1992 年生产线关闭前共生产了 68 架。

实战性能

E-3 预警机所用的 AN/APY-1 型 S 波段脉冲多普勒雷达可以在 400 千米半径以上的范围内侦测高海拔低速飞行体（以雷达地平线为准），而水平脉冲波则可在 650 千米范围内侦测中低海拔（同样以雷达地平线为准）的空中载具，雷达组中的副监督雷达子系统可以进一步对目标进行辨认和标出敌我机，并消去地面物体造成的杂乱讯号。除了雷达，E-3 预警机还配备了敌我识别器、数据处理、通信、导航与导引、数据显示与控制等机载设备。在美国空军和北约服役的 E-3 预警机一次加油可滞空 8 小时，还可以通过空中加油来延长时间。

趣味小知识

在“沙漠盾牌”行动中，E-3 预警机是美军最早投入部署的飞机之一。在战争期间，E-3 预警机执行了超过 400 项任务，记录下的执勤时间长达 5000 小时。

E-4“守夜者”空中指挥机

E-4“守夜者”（E-4 Nightwatch）空中指挥机是由波音 747-200B 客机改装而成的空中指挥机，共制造了 4 架。

E-4 空中指挥机头部特写

E-4 空中指挥机内部特写

研发历史

20 世纪 70 年代，美国空军为了实现灵活核反应战略、加强指挥系统防破坏能力，与波音公司签订了将波音 747-200B 大型客机改装为 E-4 空中指挥机的合同（当时的“空军一号”也是由波音 747-200B 改装而成）。1973 年 6 月，第一架 E-4A 首次试飞，次年 12 月开始交付，至 1975 年共有 3 架 E-4A 投入使用。之后，为了提高通信能力和抗电磁脉冲能力，美国空军又与波音公司签订了新的改装合同，从第 4 架开始换装先进设备，并改称 E-4B，1980 年 1 月开始服役。到 1985 年，前 3 架 E-4A 均陆续被改进为 E-4B，此后仍不断进行系统升级。

基本参数	
长度	70.5 米
高度	19.3 米
翼展	59.7 米
重量	190000 千克
最高速度	969 千米 / 时
相关简介	

实战性能

E-4 空中指挥机的内部共有 3 层甲板，上层为驾驶舱和空勤人员休息室。中层为主舱，可搭载乘员 94 人，由前向后设有最高指挥当局办公室、会议室、参谋人员工作区、通信控制中心和技术控制中心等。最下一层为通信设备舱和维护工作间。该机装有 13 套对外通信设备及其所用的 46 组天线，还有超高频卫星数据链、搜索雷达、塔康系统、甚高频无线电导航、双重无线电罗盘等，不仅能与分布各地的政府组织和军队部门联系，也能接入民用电话与无线电通信网。

趣味小知识

E-4 空中指挥机的机身和内部设施都进行过加固处理，有效提高了核战争环境下的生存能力。

E-8“联合星”战场监视机

E-8“联合星”(E-8 Joint STARS)是美国诺斯洛普•格鲁曼公司研制的战场监视机，由波音 707 客机改装而来。

E-8 战场监视机驾驶舱内部特写

E-8 战场监视机搭载的任务专家

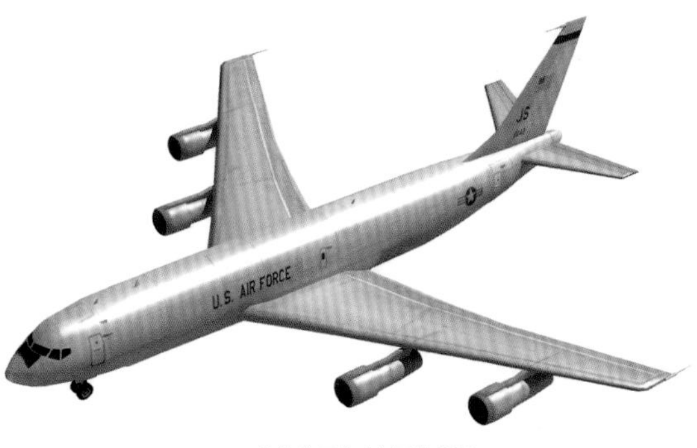

E-8“联合星”战场监视机

历史回顾

1982 年，美国空军的“移动目标显示”（MTT）计划和陆军的“远距离目标捕捉系统”（SOTAS）计划合并成“联合监视目标攻击雷达系统”计划，其成果就是 E-8“联合星”战场监视机。该机于 1991 年开始服役，前后共生产了 17 架。该机由美国空军及美国空中国民警卫队使用，同时机上也会搭载经过特殊训练的美国陆军人员作为额外机组成员。

基本参数	
长度	46.61 米
高度	12.95 米
翼展	44.42 米
重量	77564 千克
最高速度	945 千米 / 时
相关简介	

实战性能

E-8“联合星”战场监视机主要由载机、机载设备和地面站系统组成。载机是波音 707 客机，机载设备主要有雷达设备、天线、高速处理器以及各种相关软件等。地面站系统为移动式，是一个可进行多种信息处理的中心。E-8 机身下装有一个 12 米长的雷达舱，舱内装有 AN/APY-3 多模式侧视相控阵 I 波段电子扫描合成孔径雷达。利用性能优良的 AN/APY-3 雷达，E-8 战场监视机可以发现机身任意一侧 50000 平方千米地面上的各种目标，然后引导和指挥作战飞机和地面部队发起攻击。

趣味小知识

由于 E-8“联合星”战场监视机飞得远，飞得高，续航时间又长，且雷达探测距离大，因此它可以在敌火力范围之外活动。

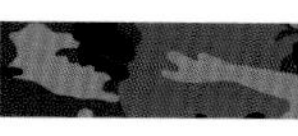

C-130“大力神”运输机

C-130“大力神”（C-130 Hercules）运输机是美国洛克希德·马丁公司研制的四发中型战术运输机，在美国战术空运力量中占有核心地位，同时也是美国战略空运中重要的辅助力量。

C-130 运输机驾驶舱特写

C-130 运输机货舱内部特写

研发历史

基本参数	
长度	29.8 米
高度	11.6 米
翼展	40.4 米
重量	34400 千克
最高速度	592 千米 / 时
相关简介	

C-130 运输机于 1951 年开始研制，1954 年首次试飞，1956 年进入美国空军服役。该机能够高空高速飞行，航程较大，而且能够在前线野战跑道上起降。C-130 系列运输机仍在继续生产，并有多种改进型号，截至 2016 年 12 月总产量已经超过 2500 架。除装备美国空军外，C-130 运输机还被其他 50 多个国家采用。目前，美国空军装备的 C-130 运输机为 E 型、H 型和 J 型。

实战性能

C-130 运输机的型号众多，以 C-130H 型为例，其载重量可达 19870 千克。该机起飞仅需 1090 千米的跑道，着陆为 518 米，可在前线简易机场跑道上起落，向战场运送或空投军事人员和装备，返航时可用于撤退伤员。C-130 运输机还有许多衍生型，可执行多种任务，包括电子监视、空中指挥、搜索救援、空中加油、气象探测、海上巡逻及空中预警等。

趣味小知识

1958 年 9 月 19 日，驻法美军第 317 运输机中队的一架 C-130 运输机在法福勒上空与一架法国空军“超神秘”战斗机相撞，C-130 运输机的 6 名机组人员全部死亡，而法军飞行员也不幸身亡。

C-2“灰狗”运输机

C-2“灰狗”（C-2 Greyhound）运输机是美国格鲁曼公司（现诺斯洛普·格鲁曼公司）研制的舰载双发运输机，主要用于航空母舰舰上运输任务。

C-2 运输机货舱内部特写

研发历史

C-2 运输机是 E-2“鹰眼”预警机的衍生型号，它的研制是为了取代由活塞发动机推动的 C-1“商人”（Trader）运输机。1964 年 11 月 18 日，两架由 E-2 预警机改装而成的原型机试飞成功。1966 年，第一个量产机型 C-2A 开始服役，共生产了 17 架。C-2A 机队曾于 1973 年时进行全面翻修，以延长其服役期。1984 年，改进型 C-2A(R) 问世。21 世纪初期，美国海军展开了一项延寿工程，使 C-2A(R) 足以延长服役至 2027 年。

C-2 运输机主翼折叠处特写

基本参数	
长度	17.3 米
高度	4.85 米
翼展	24.6 米
重量	15310 千克
最高速度	635 千米 / 时
相关简介	

实战性能

C-2 运输机可提供高达 4545 千克的有效载荷。机舱可以容纳货物、乘客，或者两者混载，并配置了能够运载伤者，执行医疗护送任务的设备。C-2 运输机能在短短几小时内，直接由岸上基地紧急载运需要优先处理的货物（如战斗机的喷气发动机等）至航空母舰上。大型的机尾坡道、机舱大门和动力绞盘设施，让 C-2 运输机能在航空母舰上快速装卸物资。

趣味小知识

1985 年 11 月至 1987 年 2 月，美国海军第 24 空中运输中队与其配属的 7 架 C-2 运输机展示了强大的运输能力，在短短 15 个月之内，投递了 909 吨邮件及搭载了 14000 名乘客，以支援欧洲和地中海战场。

C-5“银河”运输机

C-5“银河”（C-5 Galaxy）运输机是美国洛克希德·马丁公司研制的大型军用战略运输机，1970 年 6 月开始服役。

C-5 运输机

C-5 运输机头部特写

C-5 运输机货舱内部特写

研发历史

20 世纪 60 年代，美国空军使用的 C-133 与 C-124 运输机虽然还能够满足陆军的需求，可是已经接近寿命周期的尾声，而较新的 C-141 运输机也无法有效地胜任运输任务。1961 年 10 月，美国军事空运勤务司令部提出取代 C-133 运输机的需求，由空军规划设计方案。1962 年负责研发的空军系统司令部根据他们的研究和预测推出 CX-X 计划，1964 年这项计划正式改名为 C-5。该机于 1968 年 6 月 30 日首次试飞，1970 年 6 月正式服役。

基本参数	
长度	75.31 米
高度	19.84 米
翼展	67.89 米
重量	172371 千克
最高速度	855 千米 / 时
相关简介	

实战性能

C-5 运输机的载重量可达 122 吨，货仓容积为：上层货仓 30.19 米 ×4.2 米 ×2.29 米，下层货仓 36.91 米 ×5.79 米 ×4.11 米。该机的机翼内有 12 个内置油箱，能够携带 194370 升燃油。凭借其强大的运载能力，C-5 运输机能够在全球范围内运载超大规格的货物并在相对较短的距离里起飞和降落，也可以随时满载全副武装的战斗部队（包括主战坦克）到达全球的大多数地方，或为战斗中的部队提供野外支援。

趣味小知识

1972 年 5 月 11 日，一架 C-5 运输机从冲绳嘉手纳空军基地起飞，未经空中加油，不着陆飞行了 12905 千米，最后降落在南卡罗来纳州的查尔斯顿空军基地。此次飞行创下了 C-5 运输机不着陆飞行距离新纪录，总飞行时间为 16 小时 5 分钟。

C-17“环球霸王 III”运输机

C-17“环球霸王 III”（C-17 Globemaster III）运输机是美国麦克唐纳·道格拉斯公司研发的大型战略 / 战术运输机，1995 年 1 月开始服役。

C-17 运输机货舱内部特写

C-17 运输机驾驶舱内部特写

研发历史

C-17 运输机的飞机研制计划是美国迄今为止历时最久的，从 1981 年麦克唐纳·道格拉斯公司赢得发展合约到 1995 年完成全部的飞行测试，一共耗时 14 年。在发展经费方面，它是美国有史以来耗资第三大的军用飞机，仅少于B-2“幽灵”轰炸机和E-3“望楼”预警机。C-17 运输机于 1991 年 9 月 15 日首次试飞，1995 年 1 月开始服役。

基本参数	
长度	53 米
高度	16.8 米
翼展	51.75 米
重量	128100 千克
最高速度	829 千米 / 时
相关简介	

实战性能

C-17 运输机的货舱可并列停放 3 辆吉普车，2 辆卡车或 1 辆 M1A2 坦克，也可装运 3 架 AH-64 武装直升机。在执行空投任务时，可空投 27215 ～ 49895 千克货物，或 102 名全副武装的伞兵和 1 辆 M1 主战坦克。C-17 运输机的货舱门关闭时，舱门上还能承重 18150 千克，相当于 C-130 全机的装载量。C-17 运输机对起落环境的要求极低，最窄可在 18.3 米宽的跑道上起落，能在 90 米 × 132 米的停机坪上运动。

趣味小知识

1991 年 8 月，美国空军第一个 C-17 运输机中队，位于南加州查尔斯顿空军基地的第 437 联队第 17 运输中队的飞行员开始接受 C-17 模拟机的飞行训练。1993 年 5 月，第 17 中队接收了第一架 C-17 运输机。

KC-135“同温层油船”空中加油机

KC-135“同温层油船”（KC-135 Stratotanker）空中加油机是美国波音公司研制的大型空中加油机，也是美国空军第一架喷气式加油机。

KC-135 空中加油机发动机吊舱特写

研发历史

KC-135 空中加油机是波音公司在 C-135 军用运输机的基础上改装而来。该机于 20 世纪 50 年代研制，1956 年 8 月首次试飞，1957 年正式列装。KC-135 空中加油机在 1955 ～ 1965 年生产，总生产量为 803 架，包括 KC-137A、KC-135E、KC-135Q、KC-135R、KC-135T 等多种型号。按照 1998 年币值，每架 KC-135 空中加油机的造价为 3960 万美元。KC-135 空中加油机的最初设计目的是为美国空军的远程战略轰炸机进行空中加油，后来也可为美国空军、美国海军、美国海军陆战队的各型战机进行空中加油。

KC-135 机组人员正在操纵加油套管

基本参数	
长度	41.53 米
高度	12.7 米
翼展	39.88 米
重量	44663 千克
最高速度	933 千米 / 时
相关简介	

实战性能

KC-135 空中加油机可装载 103 吨燃油，具备同时为多架飞机加油的能力，它采用伸缩套管式空中加油系统，加油作业的调节距离 5.8 米，可以在上下 54 度、横向 30 度的空间范围内活动。这种加油方式避免了让受油机降低高度及速度的麻烦，既提高了加油安全性，也提高了受油机的任务效率。当 KC-135 空中加油机仅用单个油箱加油时，每分钟可以加油 1514 升。前后油箱同时使用时，每分钟可以加油 3028 升。

趣味小知识

2002 年 9 月，美国空军启动 KC-135“灵巧加油机”计划。这项计划把当时现役的 40 架 KC-135 空中加油机改装成为“灵巧加油机”。改进后的 KC-135 空中加油机拥有了更强的收集、传递和发送信息能力，能使用不同的数据链在战区内相互通信联系，从而极大提高战区加油的效率。

KC-10“延伸者”空中加油机

KC-10“延伸者”（KC-10 Extender）空中加油机是美国麦克唐纳·道格拉斯公司研制的三发空中加油机，在 DC-10 喷气式客机的基础上发展而来。

KC-10 空中加油机尾部特写

KC-10 空中加油机驾驶舱内部特写

研发历史

1977 年，麦克唐纳·道格拉斯公司战胜了波音公司提出的由波音 747 客机改装空中加油机的方案，被美国空军的“先进加油货运飞机”计划选中。原型机于 1980 年 7 月 12 日首飞，同年 10 月 30 日完成首次空中加油试验，次年 3 月 17 日正式交付美国空军。美国空军共采购了 60 架 KC-10 空中加油机，1988 年 11 月 29 日交付完毕。

基本参数	
长度	55.35 米
高度	17.7 米
翼展	50.41 米
重量	109328 千克
最高速度	996 千米 / 时
相关简介	

实战性能

KC-10 空中加油机可同时为 2 架飞机加油，其最大载油量达 161 吨，远超 KC-135 空中加油机。该机的空中加油系统为全新设计，操作员通过数字式电传操纵系统来控制机尾的加油系统。通过伸缩套管，燃油以最高 4180 升 / 分的速率传输到受油机中。通过锥形管嘴，最大加油速率是 1786 升 / 分。KC-10 空中加油机配有自动加装燃油阻尼系统和独立燃油断接系统，提高了空中加油的安全性和便利性。KC-10 空中加油机自身也可接受空中加油，通过 KC-135 空中加油机或其他 KC-10 空中加油机对其加油来增加运输航程。

趣味小知识

在 1991 年的“沙漠盾牌”和“沙漠风暴”行动中，KC-10 机群除了给美国空军及其盟军加油外，还运输了数以万计的货物和士兵，支持海湾地区基地的逐步建立。

KC-46“飞马”空中加油机

KC-46“飞马”（KC-46 Pegasus）空中加油机是美国波音公司研制的空中加油机，衍生自波音 767 客机，也可作为战略运输机使用。

KC-46 空中加油机发动机吊舱特写

KC-46 空中加油机驾驶舱内部特写

研发历史

21 世纪初，美国空军决定采用 KC-767 空中加油机取代老旧的 KC-135E 空中加油机。2003 年 12 月，这一合同因涉嫌贪污而被终止。2011 年 2 月 24 日，美国空军重新选用了波音公司的修改版 KC-767 计划，并更名为 KC-46 空中加油机。2014 年 12 月 28 日，KC-46 空中加油机第一架原型机成功进行了首飞，飞行时间为 3.5 小时，标志着美国在下一代空中加油机的发展上又取得了新的里程碑。2019 年年初，KC-46 空中加油机进入美国空军服役。

基本参数	
长度	50.5 米
高度	15.9 米
翼展	48.1 米
重量	82377 千克
最高速度	1046 千米 / 时
相关简介	

实战性能

KC-46 空中加油机采用美国空军通用的伸缩套管加油模式和“远距空中加油操作者”系统，具备一次为 8 架战斗机补充燃料的能力，能为目前所有的西方战斗机进行加油。KC-46 空中加油机更突出的特点是采用了可变换货舱的结构设计，同时具有运输机和加油机的功能。在保持加油能力的前提下，可以容纳 200 名乘客和 4 辆军用卡车。KC-46 空中加油机比 KC-135 空中加油机能多载 20% 的燃料，而货物和人员运输能力更是 KC-135 空中加油机的 3 倍。

趣味小知识

KC-46 空中加油机采用了源于波音 787 客机的先进座舱，不仅使座舱达到先进水平，也便于与加油机需要的军用电子系统对接。

UH-1“易洛魁”直升机

UH-1“易洛魁”（UH-1 Iroquois）通用直升机是美国贝尔直升机公司研制的中型通用直升机，1959 年开始服役。

UH-1 直升机驾驶舱门特写

UH-1 直升机机鼻部位特写

研发历史

美国陆军于 1954 年提出招标，1955 年 2 月选中贝尔直升机公司的方案，公司内部代号定为 204，军方初期代号为 H-40。1956 年 10 月 20 日，3 架原型机中的第一架首次飞行，接着又研制 6 架 YH-40 试用型和 9 架预生产型 HU-1。1958 年 9 月第一架 HU-1 首次试飞，1959 年 6 月 30 日开始交付，并被命名为 HU-1“易洛魁”。1963 年，改用 UH-1 编号。

基本参数	
长度	17.4 米
高度	4.39 米
翼展	14.6 米
重量	2365 千克
最高速度	217 千米 / 时
相关简介	

实战性能

UH-1 直升机采用单发单旋翼带尾桨布局，尾桨装在尾斜梁左侧。机身为普通全金属半硬壳式结构，由两根纵梁和若干隔框及金属蒙皮组成。机身左右开有大尺寸舱门，便于人员及货物的上下。机内装有全套全天候飞行仪表、多通道高频收发报机、仪表着陆指示器、甚高频信标接收机和 C-4 导航罗盘等电子设备。UH-1 直升机可以搭载多种武器，常见配置为 2 挺 7.62 毫米 M60 机枪或 2 挺 7.62 毫米 GAU-17 机枪，加上 2 具 7 发或 19 发 91.67 毫米火箭吊舱。

趣味小知识

UH-1 直升机的绰号源于易洛魁联盟，这是美国殖民史中，由上纽约州的 6 个印第安人部落——摩和克人、奥内达人、奥农达加人、卡尤加人、塞尼卡人和图斯卡罗拉人组成的联盟，17 世纪和 18 世纪在法国和英国争夺北美的战争中起过重要作用。

UH-60“黑鹰”直升机

UH-60“黑鹰”（UH-60 Black Hawk）直升机是美国西科斯基公司研制的双发中型通用直升机，主要执行运送突击部队和攻击地面目标等任务。

UH-60 直升机桨毂特写

UH-60 直升机机鼻部位特写

研发历史

1972 年，为了替换老旧的 UH-1“易洛魁”直升机，美国陆军展开了“通用战术运输机系统”（UTTAS）计划，研制用于部队运送、指挥控制、伤员撤离以及侦察的新型直升机。西科斯基和波音两家公司进行了竞标，两种飞机均于 1974 年首次试飞。1976 年 12 月，西科斯基公司的 YUH-60A 赢得了合同，定型为 UH-60“黑鹰”直升机。1979 年，UH-60 直升机进入美国陆军服役。

基本参数	
长度	19.76 米
高度	5.13 米
翼展	16.36 米
重量	4819 千克
最高速度	294 千米 / 时
相关简介	

实战性能

与前代 UH-1 直升机相比，UH-60 直升机大幅提升了部队容量和货物运送能力。在大部分天气情况下，3 名机组成员中的任何一个都可以操纵将飞机运送 1 个全副武装的 11 人步兵班。UH-60 直升机通常装有 2 挺 7.62 毫米 M60 机枪、M240 机枪或 M134 航空机枪，1 具 19 联装 70 毫米火箭发射巢。该机还可发射 AGM-119“企鹅”反舰导弹和 AGM-114“地狱火”空对地导弹。UH-60 直升机在执行低飞作战任务时，极易遭受地面火力攻击，因此采取了很多措施提高生存力。

趣味小知识

1991 年海湾战争爆发，美国陆军在战区部署了约 400 架各种型号的“黑鹰”直升机。这些直升机在部署到战区前安装了针对沙漠环境的防护设备，并优先进行了远程油箱和航空电子设备之类的升级。

SH-60“海鹰”直升机

SH-60“海鹰”（SH-60 Seahawk）直升机是西科斯基飞机公司研制的中型舰载直升机，从 1984 年服役至今。

SH-60 直升机尾桨特写

SH-60 直升机旋翼桨毂特写

基本参数	
长度	19.75 米
高度	5.2 米
翼展	16.35 米
重量	6895 千克
最高速度	270 千米 / 时
相关简介	

研发历史

20 世纪 70 年代末，西科斯基飞机公司依照美国海军的需求重新打造了 UH-60“黑鹰”直升机，以替代老化的 SH-2“海妖”直升机。1979 年 12 月，SH-60“海鹰”直升机首次试飞。1983 年 4 月，生产型开始交付使用。“海鹰”直升机有 SH-60B、CH-60E、SH-60F、HH-60H、SH-60J、MH-60R、MH-60S 等多种衍生型，其中 SH-60B 和 SH-60F 是使用最广泛的型号。除美国外，SH-60 直升机还外销到澳大利亚、巴西、日本、韩国、土耳其等多个国家。

实战性能

SH-60 直升机的主要反潜武器为 2 枚 Mk 46 声自导鱼雷，但在执行搜索任务时，可以将这 2 枚鱼雷换成 2 个容量为 455 升的副油箱。SH-60B 直升机和 SH-60F 直升机的主要区别在于反潜的方法不同：前者主要依赖驱逐舰上的声呐发现敌方潜艇，然后飞近可疑区域对目标精确定位并发起鱼雷攻击；后者则用于航空母舰周围的短距反潜，主要依赖其 AQS-13F 悬吊声呐探测雷达。

趣味小知识

SH-60 直升机在海湾战争中有着上佳的表现，为支援封锁行动运输了登岸部队，执行了扫雷巡逻、战斗搜寻拯救等任务，救起了 1 名 F-16 飞行员和 1 名 AV-8B 飞行员，在特种作战中运输了“海豹”突击队员、为美国海军的水面舰艇进行了警戒。

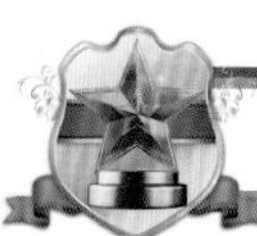

OH-58D“奇奥瓦勇士”直升机

OH-58D“奇欧瓦”（OH-58D Kiowa Warrior）直升机是贝尔直升机公司研制的一款轻型武装侦察直升机，主要是担任陆军支援的侦察角色。

OH-58D 直升机驾驶舱内部特写

OH-58D 直升机桨毂特写

研发历史

20 世纪 60 年代初，贝尔直升机公司研制出“奇欧瓦”系列的原型机 206 型直升机，为了满足军方关于轻型侦察直升机的要求，在对 206 型改进后，OH-58A 型直升机正式诞生。随后，OH-58A 被部署到越南战场上，主要用作轻型侦察直升机和情报支援，并因轻便灵活深受军方重视。20 世纪 70 年代末和 80 年代初，贝尔直升机公司将 OH-58 系列直升机改进后增强了侦察和火力支援能力，参与军方招标被美国陆军选中，序列号命名为 OH-58D，绰号则定为“奇欧瓦勇士”，美军计划让其服役到 2020 年。

基本参数	
长度	12.85 米
高度	3.91 米
翼展	10.77 米
重量	1737 千克
最高速度	240 千米 / 时
相关简介	

实战性能

OH-58D 直升机可以同时搭载下列 4 种武器中的 2 种：2 枚 AGM-114“地狱火”导弹；2 枚 AIM-92 空用版“刺针”导弹；70 毫米火箭弹；12.7 毫米 M2 重机枪（备弹 500 发）。此外，OH-58D 机身两侧还有全球直升机通用挂架（UWP）。OH-58D 直升机安装有桅顶瞄准具，安装在整架直升机的最高点，因此能提供非常好的视界。同时 OH-58D 直升机也可以躲在隐蔽物后方，伸出桅顶瞄准具观测，这样大大降低了被对方发现的概率，提高了生存力。

趣味小知识

OH-58D 直升机可以单独执行战术侦察任务，也可协同专用武装直升机作战，或为地面炮兵提供侦察、校炮的工作。

AH-1“眼镜蛇”武装直升机

AH-1“眼镜蛇”（AH-1 Cobra）直升机是贝尔直升机公司研制的武装直升机，共制造了 1116 架，从 1967 年服役至今。

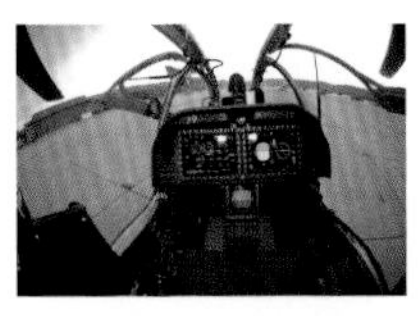

AH-1 直升机驾驶舱内部特写

AH-1 直升机机鼻部位特写

基本参数	
长度	13.6 米
高度	4.1 米
翼展	14.63 米
重量	2993 千克
最高速度	277 千米 / 时
相关简介	

研发历史

20 世纪 60 年代中期，美国在越战中投入使用的直升机由于火力差劲、装甲薄弱且速度缓慢，导致损失惨重。美国陆军迫切希望拥有一种高速度、重装甲、强火力的武装直升机，为运输直升机提供沿途护航，并为步兵预先提供空中压制火力。作为世界上第一代武装直升机的 AH-1“眼镜蛇”直升机，就诞生于这样的背景之下。1965 年 9 月，原型机首次试飞。1966 年 4 月，美国陆军签订了第一批 110 架的合同。1967 年 6 月，第一批 AH-1 交付并开始服役。该机的主要用户包括美国、土耳其、西班牙、约旦、巴基斯坦、以色列、智利、巴林、泰国、日本、韩国等。

实战性能

AH-1 直升机的主要用途是攻击装甲目标，其机身细长、正面狭窄，在一定程度上提高了生存性能，不易被攻击。该机的座椅、驾驶舱两侧及重要部位都有装甲保护，自密封油箱能耐受 23 毫米口径机炮炮弹射击。AH-1 直升机的主要武器为 1 门 20 毫米 M197 机炮（备弹 750 发），机身上有 4 个武器挂载点，可按不同配置方案选挂 BGM-71“陶”式、AIM-9“响尾蛇”和 AGM-114“地狱火”等导弹，以及不同规格的火箭发射巢和机枪吊舱等。AH-1 直升机适合海洋气候操作，占用甲板空间较小，这一点对于美国海军陆战队来说非常重要。

趣味小知识

AH-1 直升机最初使用的编号为 UH-1H，后来美军启用了武装直升机的专用编号 A，因此被改为 AH-1。该直升机因型号不同而有许多称号，如“蝰蛇”“休伊眼镜蛇”“海眼镜蛇”“超级眼镜蛇”“W 眼镜蛇”“Z 眼镜蛇”等。

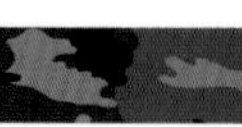

AH-6“小鸟”武装直升机

AH-6“小鸟”（AH-6 Little Bird）直升机是休斯直升机公司（1985 年并入麦克唐纳·道格拉斯公司，后又并入波音公司）研制的轻型武装直升机，从 2005 年服役至今。

AH-6 直升机驾驶舱外部特写

AH-6 直升机机舱后部特写

研发历史

基本参数	
长度	9.94 米
高度	2.48 米
翼展	8.3 米
重量	722 千克
最高速度	282 千米 / 时
相关简介	

1960 年，美国陆军提出轻型观察直升机计划（LOH），休斯直升机公司、贝尔直升机公司和希勒飞机公司参与了招标。两年后，休斯公司制造了 5 架 OH-6A 原型机与贝尔公司的 OH-4A 和希勒公司的 OH-5A 进行竞争。1965 年 2 月 26 日，休斯公司的 OH-6A 在竞争中获胜。1966 年 9 月，被命名为“印第安种小马”（Cayuse）的 OH-6 直升机开始交付。21 世纪初，为使轻型直升机也能具备一定强度的火力打击能力，休斯公司又在 OH-6 直升机的基础上发展出了 AH-6 武装直升机和 MH-6 轻型突击直升机，均被美国陆军称为“小鸟”。

实战性能

AH-6 直升机是世界上最小的武装直升机，具有低噪声、低红外成像的特点，尤其适合特种作战，所以受到美军特种部队的欢迎。在特种作战行动中，AH-6 直升机可以依靠小巧灵活的特点降落在狭小的街道，并在放下特战队员后快速起飞脱离危险区域。AH-6 直升机可以搭载的武器种类较多，包括 7.62 毫米机枪、30 毫米机炮、70 毫米火箭发射巢、“陶”式反坦克导弹等，甚至还能挂载“毒刺”导弹进行空战。

趣味小知识

在《黑鹰坠落》和《狙击生死线》等电影中，以及《战地风云 3》《战地风云 4》《侠盗猎车手 4》《侠盗猎车手 5》和《使命召唤 4》等游戏中，AH-6 直升机均有出现。

AH-64“阿帕奇”武装直升机

AH-64“阿帕奇”（AH-64 Apache）直升机是麦克唐纳·道格拉斯公司（现波音公司）研制的全天候双座武装直升机，从 1986 年服役至今。

AH-64 直升机驾驶舱外部特写

AH-64 直升机的火箭发射巢

研发历史

20 世纪 70 年代初期，鉴于 AH-1“眼镜蛇”武装直升机在实战中表现良好，美国陆军决心发展一种更为先进的武装直升机，并提出了“先进技术武装直升机”（AAH）计划，要求研制一种具备较强环境适应力，可昼夜作战且要具备较强战斗力、救生能力和生存能力的先进技术直升机。波音、贝尔、休斯、洛克希德、西科斯基五家公司参与了竞标，其中贝尔和休斯进入了第二阶段竞标。休斯的 YAH-64 原型机于 1975 年 9 月首次试飞，1976 年 5 月竞标获胜，1981 年正式被命名为“阿帕奇”。

基本参数	
长度	17.73 米
高度	3.87 米
翼展	14.63 米
重量	5165 千克
最高速度	293 千米 / 时
相关简介	

实战性能

AH-64 直升机的主要武器为 1 门 30 毫米 M230“大毒蛇”链式机关炮，备弹 1200 发。该机有 4 个武器挂载点，可挂载 16 枚 AGM-114“地狱火”导弹，或 76 枚火箭弹（4 个 19 管火箭发射巢），也可混合挂载。此外，改进型号还可使用 AIM-92“刺针”、AGM-122“赛德阿姆”、AIM-9“响尾蛇”、BGM-71“拖”式等导弹。AH-64 直升机旋翼的任何部分都可抗击 12.7 毫米子弹，机身表面的大部分位置在被 1 发 23 毫米炮弹击中后，仍能保证继续飞行 30 分钟。前后座舱装甲也能够抵御 2[illegible]毫米炮弹的攻击，在两台发动机的关键部位也加强了装甲防护。

趣味小知识

相传阿帕奇是一个英勇善战的武士，被印第安人奉为勇敢和胜利的代表，因此后人便用他的名字为印第安部落命名，而阿帕奇部落在印第安史上也以强悍著称。AH-64 直升机以此为名，正是取其“勇敢和胜利”的寓意。

战场上的 AH-64 直升机

S-97“侵袭者”武装直升机

S-97“侵袭者”（S-97 Raider）直升机是西科斯基公司研制的武装直升机，在直升机领域具有划时代意义。截至 2019 年 4 月，该机仍处于研发阶段。

S-97 直升机旋翼桨毂特写

研发历史

由于 OH-58D“奇欧瓦战士”侦察直升机的老化，美国陆军需要购买数百架新式侦察 / 攻击直升机进行替换。2010 年 10 月，西科斯基公司正式启动 S-97“侵袭者”直升机的研究项目。2014 年，S-97 原型机制造完成。2015 年 2 月，西科斯基公司开始对 S-97 原型机进行地面测试，主要测试该机的动力系统。2015 年 5 月，S-97 原型机完成首次试飞。该机最大限度地保留了直升机的优点，还弥补了直升机的先天缺陷，在飞行速度、安静性等方面大幅超越了传统的军用直升机，并具备火力打击和运兵双重能力。

S-97 直升机驾驶舱内部特写

基本参数	
长度	11 米
高度	3.5 米
翼展	10 米
重量	4057 千克
最高速度	444 千米 / 时
相关简介	

实战性能

S-97 直升机在机首下方安装了 1 门新型加特林机炮，与“阿帕奇”直升机的单管机炮不同，新型机炮采用了隐形设计：让炮身被包在 1 个圆筒里，共 6 个炮管，射速为 6000 发 / 分左右。同时，在 S-97 机身两侧各有 1 个武器挂架，可挂载“地狱火”反坦克导弹之类的精确制导武器。此外，S-97 直升机还在尾部推进器两旁增加了平衡翼，可避免导弹发射后的碎片和火焰直接接触到尾部螺旋桨，使直升机在使用任何一侧的武器时都能自如地控制机身。该机采用共轴对转双螺旋桨加尾部推进桨的全新设计，能以超过 370 千米 / 时的速度巡航，执行突击任务时其速度能进一步提升到 400 千米 / 时以上。

趣味小知识

得益于先进的电传飞控系统，S-97 直升机的主旋翼、推进尾桨和发动机实现了一体化控制。因此，除了巡航速度快，该机还擅长空中滑翔、高速转弯等高难度动作，高速机动性和敏捷性也优于传统直升机。

CH-47“支奴干”运输直升机

CH-47“支奴干”（CH-47 Chinook）直升机是美国波音公司研制的一种多功能中型运输直升机，1963 年开始装备美军，目前仍是美军主要运输直升机之一。

CH-47 直升尾部特写

CH-47 直升机驾驶舱内部特写

基本参数	
长度	30.1 米
高度	5.7 米
翼展	18.3 米
重量	11148 千克
最高速度	315 千米 / 时
相关简介	

研发历史

20 世纪 50 年代末，波音公司根据美国陆军发布的中型运输直升机招标书，发展出 CH-46“海上骑士”直升机，其放大的改进版本便是后来的 CH-47“支奴干”直升机。1963 年，CH-47A 开始装备美军，后又发展了 B、C、D 型。其中，CH-47D 是美国陆军 21 世纪初空中运输直升机的主力。目前，CH-47 系列直升机仍在进行现代化改装。

实战性能

CH-47 直升机具有全天候飞行能力，可在恶劣的高温、高原气候条件下完成任务。可进行空中加油，具有远程支援能力。部分型号机身上半部分为水密隔舱式，可在水上起降。该机运输能力强，可运载 33 ~ 35 名武装士兵，或运载 1 个炮兵排，还可吊运火炮等大型装备。CH-47 直升机的玻璃钢桨叶即使被 23 毫米穿甲燃烧弹和高爆燃烧弹射中后，仍能安全返回基地。

趣味小知识

CH-47 直升机采用不可收放的 4 轮式起落架，2 个前起落架均为双轮。2 个后起落架为单轮。

V-22“鱼鹰”倾转旋翼机

V-22“鱼鹰”（V-22 Osprey）倾转旋翼机是美国贝尔直升机公司和波音公司联合设计制造的倾转旋翼机，主要用于物资运输。

V-22 倾转旋翼机旋翼特写

V-22 倾转旋翼机货舱内部特写

研发历史

基本参数	
长度	17.5 米
高度	11.6 米
翼展	14 米
重量	15032 千克
最高速度	565 千米 / 时
相关简介	

V-22 倾转旋翼机于 20 世纪 80 年代开始研发，1989 年 3 月 19 日首飞成功，经过长时间的测试、修改、验证工作后，于 2007 年 6 月 13 日进入美国海军陆战队服役，取代服役较久的 CH-46“海骑士”直升机，执行运输及搜救任务。2009 年起，美国空军也开始部署空军专用的衍生版本。目前，V-22 倾转旋翼机已被美国空军及海军陆战队部署于伊拉克、阿富汗和利比亚等地。

性能解析

V-22 倾转旋翼机是一种将固定翼机和直升机特点融为一体的新型飞行器，既具备直升机的垂直升降能力，又拥有螺旋桨飞机速度较快、航程较远及油耗较低的优点。V-22 倾转旋翼机的时速超过 500 千米，堪称世界上速度最快的直升机。不过，V-22 倾转旋翼机也有技术难度高、研制周期长、气动特性复杂、可靠性及安全性低等缺陷。

趣味小知识

2012 年 10 月 6 日，一架隶属美国海军陆战队第 165 中型倾转旋翼机中队的 V-22 倾转旋翼机在“尼米兹”号航空母舰上顺利降落并完成加油。此举旨在评估 V-22 倾转旋翼机能否取代 C-2“灰狗”运输机在舰队中的运输角色。

Chapter 03

军用舰船

美国是造船技术最发达的国家之一，美国海军亦是目前世界上规模最大、吨位最高、装备最先进的海军，在美国外交和防御政策中扮演着积极的角色。

“福莱斯特”级航空母舰

“福莱斯特”级航空母舰（Forrestal class aircraft carrier）是二战结束后美国海军首批为配合喷气式飞机的诞生而建造的航空母舰，目前已经全部退役。

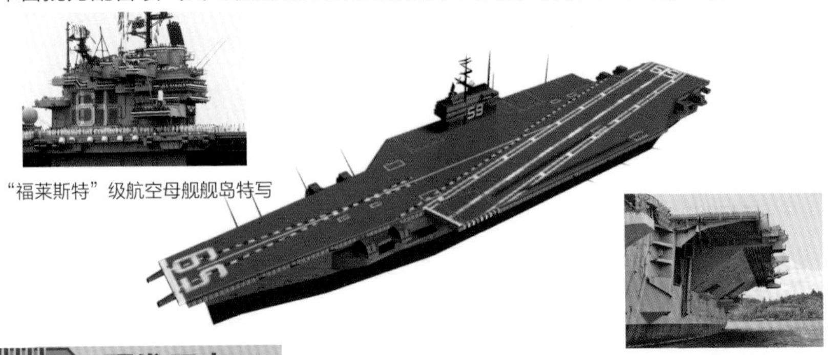

“福莱斯特”级航空母舰舰岛特写

“福莱斯特”级航空母舰左舷特写

研发历史

“福莱斯特”级航空母舰是美国在二战后建造的第一级航空母舰，首舰“福莱斯特”号于 1952 年 7 月开工建造，1955 年 10 月服役。二号舰“萨拉托加”号于 1952 年 12 月开工建造，1956 年 4 月服役。三号舰“游骑兵”号于 1954 年 8 月开工建造，1957 年 8 月服役。四号舰“独立”号于 1955 年 7 月开工建造，1959 年 1 月服役。20 世纪 80 年代，除“游骑兵”号之外的 3 艘同级舰均进行了延寿改装。1998 年 9 月，“福莱斯特”级航空母舰退役。

基本参数	
满载排水量	80643 吨
长度	326.1 米
宽度	39.42 米
吃水深度	10.9 米
最高速度	34 节
相关简介	

实战性能

“福莱斯特”级航空母舰首次采用蒸汽弹射器，飞行甲板吸取英国航空母舰的设计经验，将传统的直通式飞行甲板变为斜角、直通混合布置的飞行甲板，使整个飞行甲板形成起飞、待机和降落三个区域，可同时进行起飞和着舰作业。“福莱斯特”级航空母舰在舰首甲板与斜向飞行甲板最前段设有 4 具蒸汽弹射器，配合 4 座设在船侧的升降机，这些都是之后的美国航空母舰一直沿用的标准设计。该级舰最多可以搭载 90 架舰载机，自卫武器为 3 座八联装 Mk 29“海麻雀”舰对空导弹发射装置和 3 座 Mk 15“密集阵”近程防御武器系统。

趣味小知识

“福莱斯特”级航空母舰的满载排水量比美国海军前一代的“中途岛”级航空母舰足足增加了 25%，满载排水量超过 60000 吨，被认为跨越了一个崭新的舰船尺码门槛。因此，“福莱斯特”级航空母舰被称为世界上第一种真正付诸生产的“超级航空母舰”。

“小鹰”级航空母舰

“小鹰”级航空母舰（Kitty Hawk class aircraft carrier）是“福莱斯特”级航空母舰的大幅强化版本，也是美国海军最后一级传统动力航空母舰。

“小鹰”级航空母舰升降机特写

“小鹰”级航空母舰舰岛特写

研发历史

基本参数	
满载排水量	83090 吨
长度	320 米
宽度	40 米
吃水深度	12 米
最高速度	32 节
相关简介	

20 世纪 50 年代，美国建造的“福莱斯特”级航空母舰被称为“超级航空母舰”，但在服役过程中仍发现了一些不足，许多因设计欠佳而导致的缺点日渐显露。因此，在 1956 年建造第五艘“福莱斯特”级航空母舰时，美国海军对其进行了大幅改进，并重新命名为“小鹰”级航空母舰。首舰“小鹰”号于 1956 年 12 月开工建造，1961 年 4 月开始服役。后续各舰分别是二号舰“星座”号、三号舰“美利坚”号和四号舰“肯尼迪”号。2009 年，首舰“小鹰”号退役，它不仅是服役最久的同级舰，也是美国海军最后一艘退役的传统动力航空母舰。此后，美国海军的航空母舰全部核动力化。

实战性能

“小鹰”级航空母舰装有 4 具 C-13 蒸汽弹射器和 4 道 MK-7 拦阻索，最多可以搭载 90 架舰载机，曾搭载的机型包括 F-14 战斗机、F/A-18 战斗 / 攻击机、A-6E 攻击机、EA-6B 电子战飞机、KA-6D 加油机、E-2C 预警机、SH-3 直升机、SH-60 直升机等。由于改进了升降机的配置方式，“小鹰”级航空母舰的舰载机从机库运上甲板并抵达前方弹射器的时间大大缩短，提高了作战效率。由于舰员人数众多，“小鹰”级航空母舰的各种生活配套设施也十分完备。

趣味小知识

“小鹰”级航空母舰是以美国北卡罗来纳州的小鹰镇命名，当地也是莱特兄弟首次成功飞行的地点。

“企业”号航空母舰

“企业”号航空母舰（USS Enterprise CVN-65）是美国也是全世界第一艘使用核反应堆作为动力来源的航空母舰，在 1962—2012 年服役。

“企业”号航空母舰舰岛特写

“企业”号航空母舰尾部特写

研发历史

1954 年 9 月 30 日，美国第一艘核潜艇“鹦鹉螺”号正式服役的消息轰动全球。随后，美国开始研制核动力水面舰艇。1957 年 12 月，美国开始建造“长滩”号核动力巡洋舰。1958 年 2 月 4 日，纽波特纽斯造船厂开始建造“企业”号核动力航空母舰（CVN-65）。1960 年 9 月 24 日，“企业”号航空母舰下水，并于 1962 年 1 月正式服役，母港为弗吉尼亚州诺福克。该级舰原本打算建造 6 艘，但由于当时核动力技术不成熟、成本昂贵，因此剩下的订单被全部取消，所产生的空缺通过建造“小鹰”级常规动力航空母舰替代。

基本参数	
满载排水量	94781 吨
长度	342 米
宽度	40.5 米
吃水深度	12 米
最高速度	33 节
相关简介	

实战性能

“企业”号航空母舰装有 4 具 C-13 蒸汽弹射器、4 道 Mk 7 拦阻索、1 道拦阻网和 4 座升降机。该舰的自卫武器为 2 座 Mk 29“海麻雀”舰对空导弹发射装置、2 座 RIM-116“拉姆”舰对空导弹发射装置和 2 座 Mk 15“密集阵”近程防御武器系统。“企业”号航空母舰最多可以搭载 90 架舰载机，正常情况下搭载 60 架舰载机，曾搭载的机型包括 F-14 战斗机、F/A-18 战斗 / 攻击机、EA-18G 电子战飞机、E-2C 预警机、S-3 反潜机、C-2 运输机、SH-3 直升机、SH-60 直升机等。

趣味小知识

“企业”号航空母舰的舰名源自美国独立战争期间美军俘获并更名的一艘英国单桅纵帆船。在该舰之前，美国海军曾有过另一艘以“企业”命名的航空母舰，即二战时期大名鼎鼎的 CV-6。

“尼米兹”级航空母舰

“尼米兹”级航空母舰（Nimitz class aircraft carrier）是美国海军现役的核动力航空母舰，作为美国海军远洋战斗群的核心力量，可搭载多种舰载机对敌方飞机、舰船、潜艇和陆地目标发动攻击。

“尼米兹”级航空母舰螺旋桨特写

“尼米兹”级航空母舰机库特写

研发历史

1961 年，美国海军第一艘核动力航空母舰“企业”号（USS Enterprise CVN-65）服役后，由于其造价太过昂贵，美国一度停止建造核动力航空母舰。直到 1965 年越战爆发以后，美国国防部才又意识到核动力航空母舰无与伦比的持续作战能力以及寿命周期成本效益。1968 年 6 月，美国开始建造新一级核动力航空母舰，即“尼米兹”级航空母舰。该级舰共建造了 10 艘，首舰“尼米兹”号于 1975 年开始服役，十号舰“布什”号于 2009 年开始服役。“尼米兹”级航空母舰的前 3 艘和后 7 艘的规格略有不同，因此也有人将后 7 艘称为“罗斯福”级。不过，美国海军对这两种舰只构型并不做区别，一律称为“尼米兹”级。

基本参数	
满载排水量	100020 吨
长度	332.8 米
宽度	76.8 米
吃水深度	11.3 米
最高速度	30 节
相关简介	

实战性能

“尼米兹”级航空母舰装有 2 具 A4W 核反应堆，更换铀燃料棒的频率为 13 年，具有较好的寿命周期成本效益。该级舰的防护设计相当优越，抵抗战损的能力比二战时期的美国主力航空母舰“埃塞克斯”级航空母舰高出 3 倍以上。“尼米兹”级航空母舰装有 4 座升降机、4 具蒸汽弹射器和 4 道拦阻索，可搭载 90 架舰载机，均是美国海军目前最先进的舰载机型，包括 F/A-18 战斗 / 攻击机、EA-18G 电子战飞机、E-2 预警机、MH-60 直升机、C-2 运输机等。在作战条件下，理论上 4 具蒸汽弹射器能以平均 2 架 / 分的速率将所有舰载机弹射升空。

趣味小知识

“尼米兹”级航空母舰得名于美国海军五星上将切斯特·尼米兹，他在二战时期先后担任美国太平洋舰队总司令、太平洋战区盟军总司令等职务，二战后曾担任美国海军作战部部长。

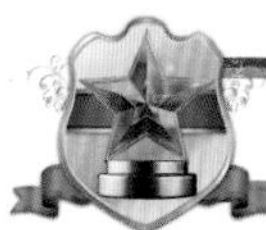

“福特”级航空母舰

“福特”级航空母舰（Ford class aircraft carrier）是美国正在建造的新一代核动力航空母舰，服役后将取代“尼米兹”级航空母舰成为美国海军舰队的新骨干。

“福特”级航空母舰舰岛特写

研发历史

“福特”级航空母舰升降机特写

1996年，美国海军开始正式研究“尼米兹”级航空母舰的后继项目，最初称为CVNX项目，后改为CVN-21项目。2007年1月，美国官方将新一代航空母舰的首舰正式命名为“福特”号。2009年11月，“福特”号开始建造，2017年7月正式服役。二号舰“肯尼迪”号于2015年8月开始建造，预计2024年开始服役。其他同级舰计划于2020年后陆续开始建造，总建造数量计划为10艘，最终完全取代“尼米兹”级航空母舰。

基本参数	
满载排水量	101600吨
长度	337米
宽度	78米
吃水深度	12米
最高速度	30节
相关简介	

实战性能

与“尼米兹”级航空母舰相比，“福特”级航空母舰的舰体设计更加紧凑，并且具备隐形能力。由于采用了新型A1B核反应堆，“福特”级的发电量为“尼米兹”级的3倍，其服役期间（50年）不用更换核燃料棒。“福特”级配备了4具电磁弹射系统和先进的飞机回收系统（含3道拦截索和1道拦截网），比传统蒸汽弹射器和拦阻索的效率更高，甚至能起降无人机。“福特”级计划搭载的舰载机有F-35C战斗机、F/A-18E/F战斗/攻击机、EA-18G电子战飞机、E-2D预警机、MH-60R/S直升机、联合无人空战系统（J-UCAS）等。

趣味小知识

“福特”级航空母舰得名于美国第37任副总统和第38任总统杰拉尔德·福特，他是美国历史上第一位未经选举就接任副总统以及总统的人。

“加利福尼亚”级巡洋舰

“加利福尼亚”级巡洋舰（California class cruiser）是美国海军为“尼米兹”级航空母舰编队设计的大型护卫战舰，属于美国海军第三代核动力导弹巡洋舰。

研发历史

与“弗吉尼亚”级巡洋舰一样，“加利福尼亚”级巡洋舰也是为了填补“尼米兹”级航空母舰服役后的巡洋舰空缺而建造的核动力巡洋舰。“加利福尼亚”级巡洋舰一共建造了 2 艘，首舰“加利福尼亚”号（CGN-36）于 1970 年 1 月开工，1971 年 9 月下水，1974 年 2 月正式服役。二号舰“南卡罗来纳”号（CGN-37）于 1970 年 12 月开工，1972 年 7 月下水，1975 年 1 月服役。20 世纪 90 年代初，“加利福尼亚”级巡洋舰进行了改装。

基本参数	
满载排水量	10800 吨
长度	179 米
宽度	19 米
吃水深度	9.6 米
最高速度	30 节
相关简介	

实战性能

“加利福尼亚”级巡洋舰的舰上武备众多，共有 2 座四联装“鱼叉”反舰导弹发射装置、2 座“标准”II 型防空导弹发射装置、1 座八联装 MK 16“阿斯洛克”反潜导弹发射装置、2 座三联装 Mk 32 反潜鱼雷发射管、2 座 20 毫米 Mk 15“密集阵”近程防御武器系统。此外，还装有 8 座六管 Mk 36 红外和箔条干扰弹发射装置和 1 座 SLQ-25 鱼雷诱饵装置。舰上设有直升机起降平台，但没有机库。

趣味小知识

“加利福尼亚”级巡洋舰是美国海军众多核动力巡洋舰中，服役时间最长的一级，直到 1999 年才退出现役，转为 B 类预备舰。

“弗吉尼亚”级巡洋舰

“弗吉尼亚”级巡洋舰（Virginia class cruiser）是美国海军在20世纪70年代建造的核动力巡洋舰，一共建造了4艘，在20世纪70年代至20世纪90年代服役。

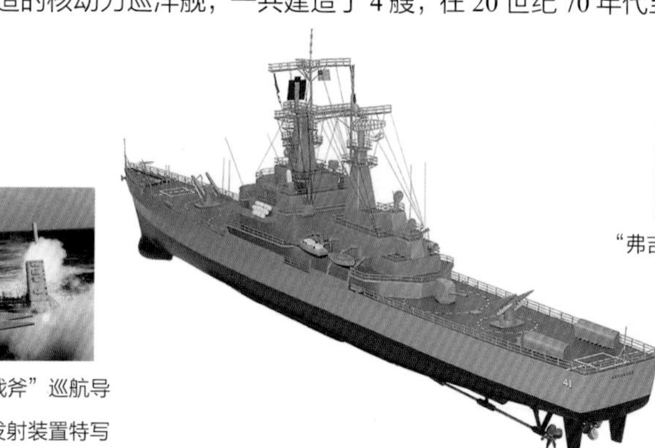

“弗吉尼亚”级巡洋舰尾部甲板特写

“战斧”巡航导弹发射装置特写

基本参数	
满载排水量	11666吨
长度	179米
宽度	19米
吃水深度	9.8米
最高速度	30节
相关简介	

研发历史

20世纪70年代，由于“尼米兹”级核动力航空母舰建造成功和开始服役，美国海军仅有的3艘核动力巡洋舰无法满足需要。因此，美国海军提出了发展“加利福尼亚”级和“弗吉尼亚”级核动力巡洋舰的计划。其中，“弗吉尼亚”级巡洋舰共建造了4艘，分别为“弗吉尼亚”号（CGN-38）、“得克萨斯”号（CGN-39）、“密西西比”号（CGN-40）和“阿肯色”号（CGN-41）。首舰“弗吉尼亚”号于1972年动工，1976年9月开始服役。自服役以来，“弗吉尼亚”级巡洋舰经过了多次局部性改装。1998年，该级舰全部退出现役。

实战性能

“弗吉尼亚”级巡洋舰的中程反舰武器是2座四联装“鱼叉”反舰导弹发射装置和2门Mk 45单管127毫米舰炮。20世纪80年代后期，该级舰加装了2座MK 44四联装箱式“战斧”巡航导弹发射装置，可发射对地攻击和反舰“战斧”导弹。“弗吉尼亚”级巡洋舰的首尾各有1座双联装Mk 26导弹发射装置，主要发射“标准”II防空导弹和“阿斯洛克”反潜导弹。此外，该级舰还装有2座三联装Mk 32反潜鱼雷发射管和2座“密集阵”近程防御武器系统，用于自卫。舰载机方面，可搭载1架SH-2F直升机。

趣味小知识

“弗吉尼亚”级巡洋舰的主要任务是与核动力航空母舰一起组成强大的特混编队，在危机发生时迅速开赴指定海域，为航空母舰编队提供远程防空、反潜和反舰保护，同时也为两栖作战提供支援。

“提康德罗加”级巡洋舰

“提康德罗加”级巡洋舰（Ticonderoga class cruiser）是美国第一种配备“宙斯盾”系统的作战舰只，也是美国海军目前唯一的现役巡洋舰。

“提康德罗加”级巡洋舰前甲板特写

“提康德罗加”级巡洋舰的战斗情报中心

研发历史

20 世纪 60 年代后期，美国海军开始研制“宙斯盾”作战系统（美国海军现役最重要的整合式水面舰艇作战系统）。美国海军最初计划将“宙斯盾”系统安装在由“弗吉尼亚”级改进的核动力导弹巡洋舰上，但是由于太昂贵而放弃。后经过多种尝试，美国海军最终决定建造一种传统动力“宙斯盾”舰艇，即“提康德罗加”级巡洋舰。首舰于 1980 年 3 月开始建造，1983 年 1 月开始服役。1994 年 7 月，27 艘全部建造完成。

基本参数	
满载排水量	9800 吨
长度	173 米
宽度	16.8 米
吃水深度	10.2 米
最高速度	32.5 节
相关简介	

实战性能

“提康德罗加”级巡洋舰的武器配置比较全面，涵盖了反潜、反舰、防空和对地 4 个种类。由于该级舰的主要任务是防空，所以防空能力较为突出，装备了先进的“宙斯盾”防空系统。防空作战主要依靠“标准”II 型导弹，近程防御方面则使用“密集阵”近程防御武器系统和 127 毫米 Mk 45 舰炮。此外，还可以发射“阿斯洛克”反潜导弹、“鱼叉”反舰导弹、324 毫米鱼雷等。

趣味小知识

在美国海军的作战编制上，“提康德罗加”级巡洋舰是作为航空母舰战斗群与两栖攻击战斗群的主要指挥中心，以及为航空母舰提供保护。

“斯普鲁恩斯”级驱逐舰

“斯普鲁恩斯”级驱逐舰（Spruance class destroyer）是美国于 20 世纪 70 年代建造的导弹驱逐舰，曾是美国海军航空母舰战斗群的主要反潜力量。

“斯普鲁恩斯”级驱逐舰前甲板特写

Mk 45 型 127 毫米舰炮特写

基本参数	
满载排水量	8040 吨
长度	171.6 米
宽度	16.76 米
吃水深度	5.79 米
最高速度	33 节
相关简介	

研发历史

“斯普鲁恩斯”级驱逐舰的首舰于 1972 年 11 月开工建造，1973 年 11 月下水，1975 年 9 月服役。1983 年 3 月，31 艘“斯普鲁恩斯”级驱逐舰全部进入现役，替换了建造于二战时代的“艾伦·萨姆纳”级和“基林”级驱逐舰。20 世纪 90 年代末，“斯普鲁恩斯”级驱逐舰逐渐开始退役，到 2005 年时全部退出现役。

实战性能

“斯普鲁恩斯”级驱逐舰的主要任务是为航空母舰特混舰队和海上运输船队护航，在两栖作战和登陆作战中实施火力支援，对敌水面舰艇和潜艇进行监视警戒跟踪等。该级舰的主要舰载武器包括：2 座 Mk 45 型 127 毫米舰炮。2 座“密集阵”近程防御武器系统。1 座四联装“拉姆”舰对空导弹发射装置。2 座三联装 Mk 32 型鱼雷发射管，可发射 Mk 46-5 型鱼雷或 Mk 50 型鱼雷。2 座“鱼叉”反舰导弹发射装置，备弹 8 枚。此外，还安装了 4 挺 12.7 毫米机枪。

趣味小知识

“斯普鲁恩斯”级驱逐舰以雷蒙德·斯普鲁恩斯的名字命名，他是二战时期的美国海军上将、第五舰队司令，中途岛、马里亚纳历次海战的胜利者，被称为“沉默的提督”。

"基德"级驱逐舰

"基德"级驱逐舰（Kidd class destroyer）是美国于20世纪70年代开始建造的导弹驱逐舰，共建造了4艘。

"基德"级驱逐舰上层建筑特写

"基德"级驱逐舰船头特写

研发历史

"基德"级驱逐舰原本是伊朗于20世纪70年代向美国订购的导弹驱逐舰，根据伊朗方面的需求，由"斯普鲁恩斯"级的舰体演进而来。该级舰共建造了4艘，首舰于1978年6月开工。1979年，4艘"基德"级驱逐舰全部完工之际，伊朗因政局变化拒绝接收。在伊朗取消合约后，美国海军在1981—1982年装备了"基德"级驱逐舰。20世纪90年代，由于新一代"阿利·伯克"级驱逐舰大量进入美国海军服役，没有"宙斯盾"系统的"基德"级驱逐舰随后在1998—1999年陆续提前退役。

基本参数	
满载排水量	9783吨
长度	171.6米
宽度	16.8米
吃水深度	9.6米
最高速度	33节
相关简介	

实战性能

"基德"级驱逐舰具有较强的防空、反舰、反潜及战场管理能力，可担任由不同作战舰艇组合的作战支队旗舰，也可执行外线机动作战任务。该级舰的舰载武器包括：2座Mk 45型单管127毫米舰炮。2座Mk 15"密集阵"近程防空系统。2座4管AGM-84"鱼叉"反舰导弹发射器。2座双联装Mk 26双臂导弹发射器，可发射"标准2""小猎犬"防空导弹和"阿斯洛克"反潜导弹。2座三联装鱼雷发射管，可发射Mk 32鱼雷。此外，还可搭载2架"海鹰"直升机。

趣味小知识

"基德"级驱逐舰的另一个昵称为"阵亡将军级"（Dead Admirals class），因为这一系列军舰皆是以美国海军在第二次世界大战太平洋战场中阵亡的少将命名。

“阿利·伯克”级驱逐舰

“阿利·伯克”级驱逐舰（Arleigh Burke class destroyer）是美国于20世纪80年代开始建造的导弹驱逐舰，计划建造82艘，截至2019年5月共有66艘在役。

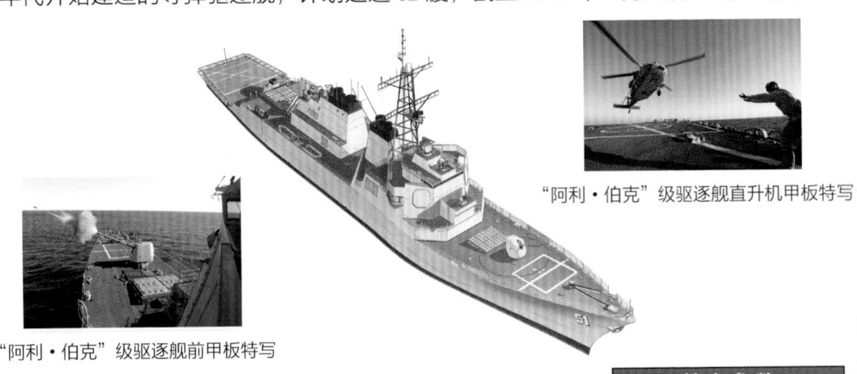

“阿利·伯克”级驱逐舰直升机甲板特写

“阿利·伯克”级驱逐舰前甲板特写

基本参数	
满载排水量	9800吨
长度	155米
宽度	20米
吃水深度	9.3米
最高速度	30节
相关简介	

研发历史

“阿利·伯克”级驱逐舰的研制工作始于20世纪70年代中期，其研制目的是替换老旧的“孔茨”级和“查尔斯·亚当斯”级导弹驱逐舰，并作为“提康德罗加”级巡洋舰的补充力量。首舰“阿利·伯克”号于1988年12月开工，1991年7月正式服役。该级舰原计划建造62艘，最后一艘于2012年10月开始服役。不过，美国海军在2009年4月和2013年6月两次增加了“阿利·伯克”级驱逐舰的建造计划，使其建造数量达到82艘。

实战性能

“阿利·伯克”级驱逐舰具有对陆、对海、对空和反潜的全面作战能力，它配备了2座Mk 41导弹垂直发射系统，可视作战任务决定“战斧”导弹、“标准”II型导弹、“海麻雀”导弹和“阿斯洛克”导弹的装弹量。值得一提的是，该级舰的后期型号可以搭载2架SH-60B/F直升机，主要用于反潜作战。“阿利·伯克”级驱逐舰配备的“宙斯盾”系统是美国海军现役最重要的整合式水面舰艇作战系统，具有强大的反击能力，可综合指挥舰上的各种武器，同时拦截来自空中、水面和水下的多个目标，还可对目标威胁进行自动评估，从而优先击毁对自身威胁最大的目标。

趣味小知识

“阿利·伯克”级驱逐舰得名于美国海军上将阿利·伯克，他是美国海军最著名的驱逐舰指挥官之一，曾参加二战，战后历任3届海军部部长。

“朱姆沃尔特”级驱逐舰

“朱姆沃尔特”级驱逐舰（Zumwalt class destroyer）是美国正在建造的最新一级驱逐舰，以美国海军上将朱姆沃尔特的名字命名，代号为 DDX 或 DDG-1000。

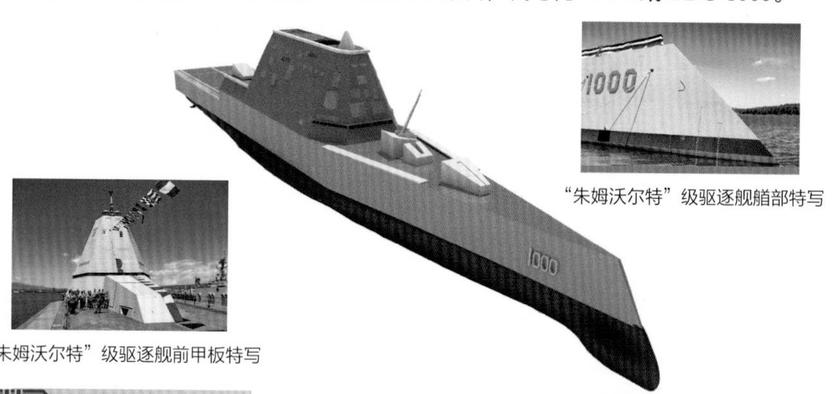

“朱姆沃尔特”级驱逐舰艏部特写

“朱姆沃尔特”级驱逐舰前甲板特写

研发历史

基本参数	
满载排水量	14798 吨
长度	180 米
宽度	24.6 米
吃水深度	8.4 米
最高速度	30 节
相关简介	

“朱姆沃尔特”级驱逐舰由诺斯洛普・格鲁曼公司、雷神公司、通用动力公司、英国航空电子系统公司、洛克希德・马丁公司等百余家研究机构和公司联合研发。原本美国海军想要建造 32 艘“朱姆沃尔特”级驱逐舰，但最终定案只建造 3 艘。首舰“朱姆沃尔特”号于 2011 年 11 月开工，2016 年 10 月服役。二号舰“迈克尔・蒙苏尔”号于 2013 年 5 月开工，2019 年 1 月服役。三号舰“林登・约翰逊”号于 2015 年 4 月开工，2019 年服役。

实战性能

“朱姆沃尔特”级驱逐舰的主要武器包括 2 座先进舰炮系统（Advanced Gun System，AGS）、20 具 Mk 57 导弹垂直发射系统和 2 门 30 毫米 Mk 46 链炮。AGS 是一种 155 毫米火炮，射速为 10 发 / 分。Mk 57 导弹垂直发射系统设置于船体周边，一共可装 80 枚导弹，包括“海麻雀”导弹、“战斧”巡航导弹、“标准”II 型导弹和反潜火箭等。“朱姆沃尔特”级驱逐舰拥有 2 个直升机库，可配备 2 架改良型的 SH-60R 反潜直升机，或者由 1 架 MH-60R 特战直升机搭配 3 架 RQ-8A “火力侦察兵”无人机的组合。

趣味小知识

“朱姆沃尔特”级驱逐舰得名于美国海军上将埃尔莫・朱姆沃尔特，他曾参加二战，1970 年开始担任美国海军作战部部长。

“佩里”级护卫舰

“佩里”级护卫舰（Perry class frigate）是美国于20世纪70年代研制的导弹护卫舰，共建造了71艘，其中，美国海军装备的51艘已经全部退役。

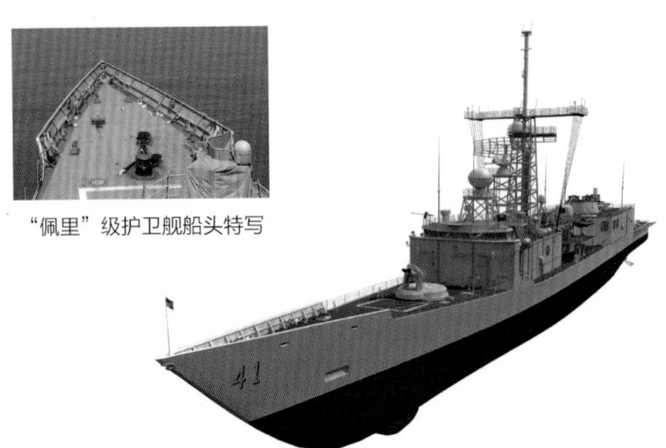

“佩里”级护卫舰船头特写

“佩里”级护卫舰直升机甲板特写

基本参数	
满载排水量	4200吨
长度	136米
宽度	14米
吃水深度	6.7米
最高速度	29节
相关简介	

研发历史

20世纪70年代，由于美国海军装备的各类战斗舰艇老化严重，急需一大批新舰来替换。因此，美国海军开始进行新舰制造计划，并实行“高低档舰艇结合”的造舰政策。在大量建造高档舰艇的同时，也建造了一些注重性价比的中小型军舰，“佩里”级护卫舰就是其中之一。该级舰在1975—2004年共建造了71艘，其中美国海军装备了51艘，澳大利亚和西班牙等国海军一共装备了20艘。2015年，“佩里”级护卫舰悉数从美国海军退役，部分退役舰只被出售给土耳其、波兰、巴基斯坦、埃及、泰国和墨西哥等国家。

实战性能

“佩里”级护卫舰具备点防空能力，还搭载了2架反潜直升机与拖曳阵列声呐肩负反潜作战、保护两栖部队登陆、护送舰队等任务。该级舰的主要武器包括：1座单臂Mk 13导弹发射装置，发射“标准”导弹用于防空，或“鱼叉”导弹用于反舰；1座单管Mk 75-0型76毫米舰炮，用于中近程防空、反舰；2座“密集阵”近程防御武器系统，用于近程防空；2座六管Mk 36“萨布洛克”干扰火箭；2座三联装Mk 32鱼雷发射管，发射Mk 46-5或Mk 50鱼雷用于反潜；1套SQ-25“水精”鱼雷诱饵，用于反潜。

趣味小知识

“佩里”级护卫舰得名于美国海军英雄少校奥利弗·佩里，他在1812年第二次美英战争中抵御英国军队并促使美国军队在伊利湖战役中取得决定性的胜利，从而赢得“伊利湖的英雄”的美誉。

“自由”级濒海战斗舰

“自由”级濒海战斗舰（Freedom class littoral combat ship）是洛克希德·马丁公司主持研制的濒海战斗舰，计划建造 16 艘，截至 2019 年 5 月已有 7 艘开始服役。

“自由”级濒海战斗舰直升机甲板特写

“自由”级濒海战斗舰上层建筑特写

基本参数	
满载排水量	3500 吨
长度	115 米
宽度	17.5 米
吃水深度	3.9 米
最高速度	47 节
相关简介	

研发历史

1991 年苏联的解体使美国海军的作战环境、作战对象发生了巨大变化。海湾战争结束后，美国海军便开始不断地调整军事战略，先后提出了“由海向陆”“前沿存在”“海上打击、海上盾牌和海上基地”等战略思想。此后，美国海军逐渐缩减大型战舰的规模，而将舰艇发展的重点转向以濒海战斗舰为代表的小型战舰。2004 年，美国海军与洛克希德 • 马丁公司领导的工业小组签订合同，开发濒海战斗舰首舰。2005 年，首舰“自由”号开始铺设龙骨，之后于 2006 年下水，2008 年 8 月开始进行海试，同年 11 月开始服役。

实战性能

“自由”级濒海战斗舰具有可操作 2 架 SH-60“海鹰”直升机的飞行甲板和机库，还有从船尾回收和释放小艇的能力，并有足够大的货运量来运输 1 支小型攻击部队或装甲车等。该级舰可搭载 220 吨的武装及任务系统，舰首装有 1 门 57 毫米 Mk 110 舰炮，直升机库上方设有 1 座 Mk 49 导弹发射装置（发射 RIM-116“拉姆”舰对空导弹）；船楼前、后方的两侧各有 1 挺 12.7 毫米机枪。直升机库上方预留了 2 个武器模组安装空间，可依照任务需求设置垂直发射器来装填短程防空导弹，或者安装 30 毫米 Mk 44 舰炮模组。

趣味小知识

濒海战斗舰（Littoral Combat Ship，LCS）是美国海军为取代“佩里”级护卫舰在 20 世纪 90 年代初期进行的 SC-21 水面战斗舰艇计划的一部分，是冷战后美国舰艇转型的一种体现。与传统的护卫舰相比，濒海战斗舰的打击火力减弱不少，主要进行跨海近岸作战。

“独立”级濒海战斗舰

“独立”级濒海战斗舰（Independence class littoral combat ship）是与“自由”级濒海战斗舰同期研制的另一种濒海战斗舰，计划建造 19 艘，截至 2019 年 5 月已有 9 艘开始服役。

“独立”级濒海战斗舰艉部特写

研发历史

“独立”级濒海战斗舰与“自由”级濒海战斗舰同时发展，美国海军在 2004 年 5 月与洛克希德·马丁公司、通用动力公司分别签下濒海战斗舰的发展合约。2005 年，通用动力公司的“独立”级濒海战斗舰方案完成了细部设计。2006 年 1 月，“独立”级濒海战斗舰首舰开工建造，2010 年 1 月正式服役。截至 2019 年 5 月，“独立”级濒海战斗舰已有 9 艘服役，另有 2 艘下水、2 艘在建。

“独立”级濒海战斗舰艏部特写

基本参数	
满载排水量	3104 吨
长度	127.4 米
宽度	31.6 米
吃水深度	4.3 米
最高速度	44 节
相关简介	

实战性能

“独立”级濒海战斗舰装备了 1 门 Mk 110 型 57 毫米舰炮、1 套“拉姆”反舰导弹防御系统，以及 4 挺 12.7 毫米机枪。此外，还可以加装 AGM-114L“地狱火”导弹发射装置和 Mk 44 型 30 毫米舰炮。该级舰的飞行甲板可以容纳 2 架 SH-60 直升机或者 1 架 CH-53 直升机。机库可容纳 2 架 SH-60 直升机，或者 1 架 SH-60 直升机和 3 架 MQ-8B 无人机。

趣味小知识

“独立”级濒海战斗舰具有大面积的飞行甲板，能够同时进行 2 架 SH-60 直升机的作业，并能搭载美国海军最大型的直升机 CH-53，这在相同排水量的美国海军战舰中是不可能实现的，这就是“独立”号濒海战斗舰采用三体船形所带来的优势。

"硫磺岛"级两栖攻击舰

"硫磺岛"级两栖攻击舰（Iwo Jima class amphibious assault ship）是美国建造的第一代两栖攻击舰，共建造了 7 艘。

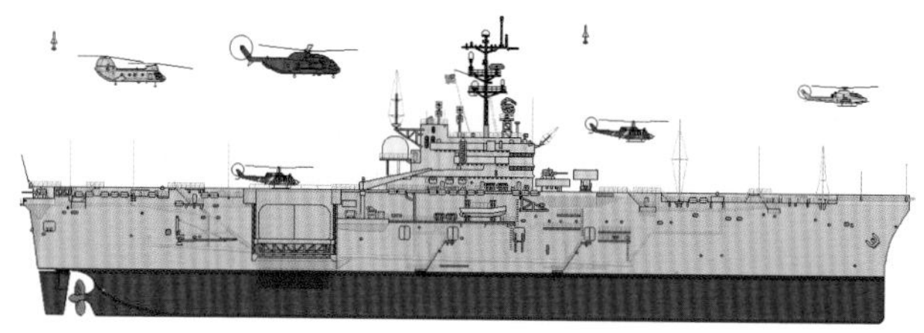

研发历史

"硫磺岛"级两栖攻击舰是世界上首款专为两栖垂直攻击作战而设计建造的军舰，首舰"硫磺岛"号（LPH-2）于 1959 年 4 月开工建造，1961 年 8 月开始服役。其他各舰分别为"冲绳"号（LPH-3）、"瓜达尔卡纳尔"号（LPH-7）、"关岛"号（LPH-9）、"的黎波里"号（LPH-10）、"新奥尔良"号（LPH-11）和"仁川"号（LPH-12），在 1962 年至 1970 年陆续入役。进入 20 世纪 90 年代以后，该级舰逐步被"黄蜂"级两栖攻击舰取代。

基本参数	
满载排水量	18474 吨
长度	180 米
宽度	26 米
吃水深度	8.2 米
最高速度	22 节
相关简介	

实战性能

"硫磺岛"级两栖攻击舰的自卫武器为 2 座八联装"海麻雀"防空导弹发射装置、2 座 MK 33 型 76 毫米主炮和 2 座 MK 15 "密集阵"近程防御武器系统。该级舰可装载 1 个直升机中队，约有 30 架直升机，主要机型为 CH-46 "海骑士"直升机和 CH-53 "海上种马"直升机。必要时，也可装载 4 架 AV-8A 垂直/短距起降攻击机。同时，该级舰还可运载 1 个海军陆战队加强营，约 2000 名人员及其武器装备。此外，舰上还设有 1 个 300 张床位的医院。

趣味小知识

"硫磺岛"级两栖攻击舰中有 6 艘参加过海湾战争，"的黎波里"号曾在战争中被水雷击中，但几星期后即恢复了作战能力。

“塔拉瓦”级两栖攻击舰

“塔拉瓦”级两栖攻击舰（Tarawa class amphibious assault ship）是美国于20世纪70年代设计建造的大型通用两栖攻击舰，共建造了5艘。

基本参数	
满载排水量	39967吨
长度	254米
宽度	40.2米
吃水深度	7.9米
最高速度	24节
相关简介	

研发历史

20世纪60年代，美国海军认识到船坞登陆舰和其他运输舰已不能充分保证海军加强陆战营（登陆第一梯队的基本战术单位）及其装备能够迅速海运和上岸。因此，美国海军开始大力发展新型通用两栖攻击舰。在1969年财政年度新舰建造计划中，批准建造“塔拉瓦”级两栖攻击舰，原计划建造9艘，后决定建造5艘。首舰“塔拉瓦”号于1971年1月动工，1973年12月下水，1976年5月开始服役，2009年3月退役。五号舰“贝里琉”号于1980年5月开始服役，2015年3月退役。

实战性能

“塔拉瓦”级两栖攻击舰的武器多、威力大，装备有防空导弹、机载反舰导弹和近程防御武器系统，以及直升机和垂直/短距起降飞机，形成远、中、近距离结合和高、中、低一体的作战体系，具有防空、反舰和对岸火力支援等能力。“塔拉瓦”级可搭载1700余名登陆作战人员，舰上可装载4艘LCU-1610通用登陆艇（或17艘LCM-6机械化部队登陆艇，或45辆履带式登陆车）、6架AV-8B“海鹞”攻击机，也可根据任务替换直升机（19架CH-53D“海种马”直升机或26架CH-46D/E“海骑士”直升机）。

趣味小知识

由于“塔拉瓦”级两栖攻击舰上的指挥和控制部位较多，并装有大量电子设备（如登陆战综合战术数据系统等），所以在登陆战中海陆空三军协同行动时，可作为两栖指挥舰使用。

“黄蜂”级两栖攻击舰

“黄蜂”级两栖攻击舰（Wasp class amphibious assault ship）是美国于 20 世纪 80 年代中期开始建造的两栖攻击舰，共建造了 8 艘。

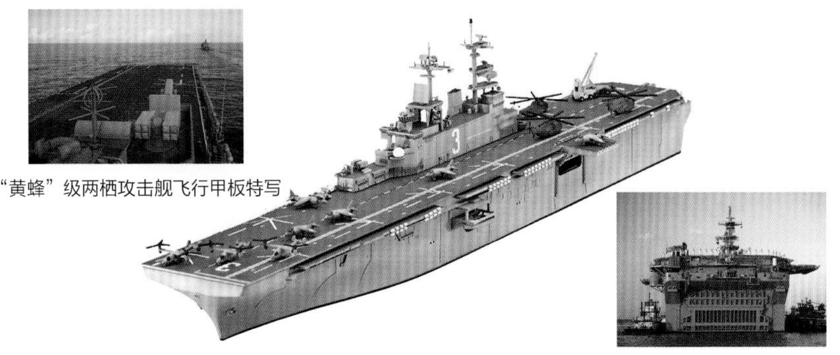

“黄蜂”级两栖攻击舰飞行甲板特写

“黄蜂”级两栖攻击舰艉部特写

研发历史

20 世纪 80 年代，美国海军为了取代老旧的“硫磺岛”级两栖攻击舰，以“塔拉瓦”级两栖攻击舰的设计发展出“黄蜂”级，首舰“黄蜂”号于 1989 年开始服役。该级舰的主要任务是支援登陆作战，其次是执行制海任务。“黄蜂”级两栖攻击舰共建造了 8 艘，大多是继承美国海军历史上著名军舰的命名，如“黄蜂”号、“埃塞克斯”号的前身都是二战著名航空母舰。此外，还有少数以著名战役为命名依据。

基本参数	
满载排水量	40500 吨
长度	253.2 米
宽度	31.8 米
吃水深度	8.1 米
最高速度	22 节
相关简介	

实战性能

“黄蜂”级两栖攻击舰无须接近滩头便能进行攻击任务，因此，并未如同“塔拉瓦”级两栖攻击舰一般装置 Mk 45 舰炮，飞行甲板可用面积得以增加，这是两级舰在外观上的主要区别之一。在标准的搭载模式下，“黄蜂”级的舰载机阵容为 4 架 CH-53 运输直升机、12 架 CH-46 运输直升机、4 架 AH-1W 攻击直升机、6 架 AV-8B 垂直起降攻击机、2 架 UH-1N 通用直升机，机队总数在 30 架左右。在突击模式下，舰上可搭载 42 架 CH-46 运输直升机。在操作 MV-22 倾转旋翼机时，“黄蜂”级可以容纳 12 架。

趣味小知识

“黄蜂”级两栖攻击舰的五号舰（“巴丹”号）是第一艘建造时就有女性专用舱室（而不是建成后再改造）的两栖攻击舰，女性专用铺位可供多达450名海军或海军陆战队女兵使用。

“美利坚”级两栖攻击舰

“美利坚”级两栖攻击舰（America class amphibious assault ship）是美国正在建造的新一代两栖攻击舰，计划建造 11 艘，首舰于 2014 年 10 月开始服役。

“美利坚”级两栖攻击舰上层建筑特写

“美利坚”级两栖攻击舰飞行甲板特写

研发历史

虽然“美利坚”级两栖攻击舰被划分为直升机登陆突击舰（Landing Helicopter Assault，LHA）类别，但它基本上是以“黄蜂”级两栖攻击舰（被划分为直升机船坞登陆舰）为基础所开发。首舰“美利坚”号（LHA-6）于 2009 年 7 月开工，2012 年 10 月下水，2014 年 10 月服役，取代舰龄已高的“塔拉瓦”级“贝里琉”号（LHA-5）。二号舰于 2014 年 6 月开工，2017 年 5 月下水，截至 2019 年 5 月仍未服役。

基本参数	
满载排水量	45570 吨
长度	257.3 米
宽度	32.3 米
吃水深度	8.7 米
最高速度	20 节
相关简介	

实战性能

“美利坚”级两栖攻击舰主要用于取代老化的“塔拉瓦”级两栖攻击舰，能够搭载数量更多的作战飞机，作战能力更加强大，是美国 21 世纪海上战略的重要支柱之一。“美利坚”级可搭载 1 个由 12 架 V-22“鱼鹰”倾转旋翼机、6 架 F-35B 战斗机、4 架 CH-53E“超级种马”直升机、7 架 AH-1“眼镜蛇”武装直升机或 UH-1“伊洛魁”通用直升机，以及 2 架 MH-60S“海鹰”搜救直升机所组成的混编机队，或单纯只搭载 20 架 F-35B 战斗机与 2 架 MH-60S 搜救直升机，空中攻击火力最大化的配置。

趣味小知识

“美利坚”级两栖攻击舰采用了技术先进的燃气轮机 - 全电推进方式。这种推进方式安静性能好、推进效率高、启动运转速度快，是未来大型水面舰艇动力的发展趋势。

“奥斯汀”级船坞登陆舰

“奥斯汀”级船坞登陆舰（Austin class amphibious transport dock）是美国于20世纪60年代建造的两栖船坞登陆舰，共建造了12艘。

研发历史

“奥斯汀”级船坞登陆舰在1961年9月被批准建造，首舰“奥斯汀”号（LPD-4）于1963年2月开工建造，1964年6月下水，1965年2月开始服役。该级舰曾作为回收船全程参加了“阿波罗12”太空计划和“阿波罗14”和“阿波罗15”计划的部分回收工作，2000年后逐渐退役，其中有1艘售予印度。2007年，“奥斯汀”级船坞登陆舰从美国海军退役。

基本参数	
满载排水量	16914吨
长度	173米
宽度	32米
吃水深度	10米
最高速度	21节
相关简介	

实战性能

“奥斯汀”级船坞登陆舰的自卫武器为2座MK 15“密集阵”近程防御武器系统、2门25毫米MK 38机炮和8挺12.7毫米重机枪。该级舰可运载900名海军陆战队员，舰上能搭载6架CH-46直升机，并可根据需要选择搭载1艘LCAC气垫登陆艇，或1艘LCU通用登陆艇加3艘LCM-6机械化登陆艇，或4艘LCM-8机械化登陆艇，或9艘LCM-6机械化登陆艇，或24辆两栖登陆车。

趣味小知识

“奥斯汀”级船坞登陆舰可充当浮动直升机基地以及紧急反应中心，其兵员舱也可用来存储救援物资，总计可存放2000吨的补给品和设备，另有存放85万升航空燃料以及45万升车用燃料的油罐。

“惠德贝岛”级船坞登陆舰

“惠德贝岛”级船坞登陆舰（Whidbey Island class dock landing ship）是美国于20世纪80年代初开始建造的船坞登陆舰，共建造了8艘。

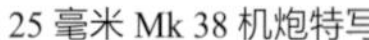

25毫米Mk 38机炮特写

研发历史

20世纪70年代后期，为了取代20世纪50年代服役的“杜马斯顿”级船坞登陆舰，并装备当时正在研制的新型气垫登陆艇，美国海军决定建造新型船坞登陆舰“惠德贝岛”级。首舰“惠德贝岛”号于1981年8月动工，1985年2月服役，其余7艘陆续在1986——1992年服役。截至2019年5月，“惠德贝岛”级船坞登陆舰仍然全部在役。

“惠德贝岛”级船坞登陆舰艏部特写

基本参数	
满载排水量	16100吨
长度	186米
宽度	26米
吃水深度	5米
最高速度	20节
相关简介	

实战性能

“惠德贝岛”级船坞登陆舰的上层建筑布置在舰体中部偏前，上层建筑后部有宽敞的甲板，舰内有较大的装载空间，总体布置体现了“均衡装载”的设计思想。该级舰可装载登陆部队、坦克、直升机或垂直短距起降飞机，其坞舱较大，可容纳4艘气垫登陆艇或21艘机械化登陆艇。该级舰的自卫武器为1座“拉姆”防空导弹发射装置、2座Mk 15“密集阵”近程防御武器系统、2门25毫米Mk 38机炮、8挺12.7毫米机枪。

趣味小知识

“惠德贝岛”级船坞登陆舰将坞舱分成干（前）、湿（后）两部分。既可使整个坞舱进水，又可用挡水板在坞舱中部将坞舱分成干坞和湿坞两部分，还可使整个坞舱不进水，以满足装载较多坦克、车辆和气垫登陆艇的需要。

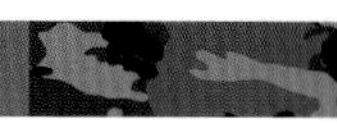

“哈珀斯·费里”级船坞登陆舰

“哈珀斯·费里”级船坞登陆舰（Harpers Ferry class dock landing ship）是“惠德贝岛”级船坞登陆舰的改进型，共建造了 4 艘，1995 年开始服役，截至 2016 年 2 月仍然全部在役。

“哈珀斯·费里”级船坞登陆舰艉部甲板特写

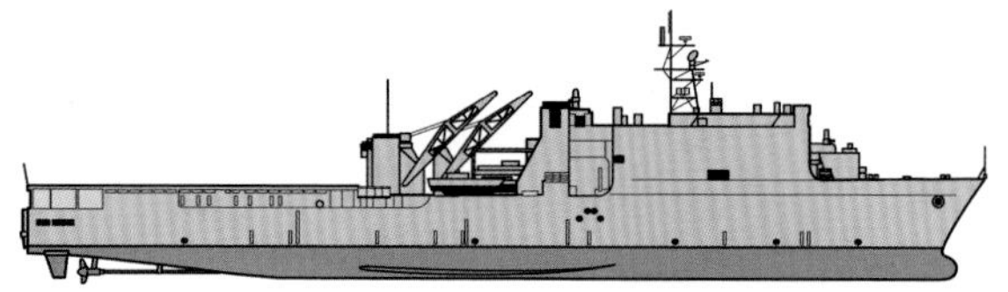

“哈珀斯·费里”级船坞登陆舰坞舱内部特写

研发历史

“哈珀斯·费里”级船坞登陆舰由“惠德贝岛”级船坞登陆舰改进而来，其首舰的建造计划于 1988 年批准，1991 年 4 月 15 日在埃文代尔造船厂开工建造，1995 年 1 月 7 日进入美国海军服役。四号舰“珍珠港”号于 1995 年 1 月开工建造，1998 年 5 月开始服役。截至 2019 年 5 月，“哈珀斯·费里”级船坞登陆舰仍然全部在役。

基本参数	
满载排水量	16708 吨
长度	186 米
宽度	26 米
吃水深度	6.4 米
最高速度	20 节
相关简介	

实战性能

“哈珀斯·费里”级船坞登陆舰的坞舱被缩小，装载量减少了一半，只能装载 2 艘气垫登陆艇。货舱则从原来的 141.5 立方米扩大到 1914 立方米，车辆甲板面积也有增加。另外，起重机由 2 台改为 1 台。该级舰可运送 500 名登陆人员、3 艘气垫登陆艇（或 6 艘机械化登陆艇，或 1 艘通用登陆艇，或 64 辆两栖装甲输送车）和 2 艘人员登陆艇。“哈珀斯·费里”级船坞登陆舰的自卫武器为 2 门 Mk 38 型 25 毫米舰炮、2 座“密集阵”近程防御武器系统、2 座“拉姆”防空导弹发射系统和 6 挺 12.7 毫米机枪。

趣味小知识

哈珀斯·费里是美国西弗吉尼亚州杰斐逊县的一个镇，位于波多马克河和谢南多厄河交汇处，也是马里兰州、弗吉尼亚州、西弗吉尼亚州接壤处。

“圣安东尼奥”级船坞登陆舰

“圣安东尼奥”级船坞登陆舰（San Antonio class amphibious transport dock）是美国正在建造的新一代船坞登陆舰，计划建造 26 艘，首舰于 2006 年开始服役。

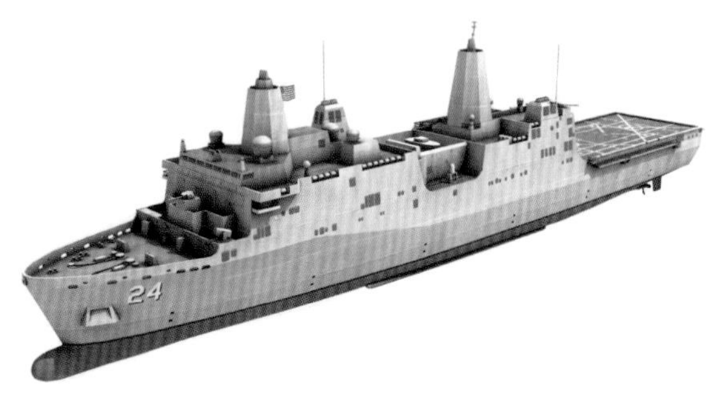

“圣安东尼奥”级船坞登陆舰上层建筑特写

“圣安东尼奥”级船坞登陆舰飞行甲板特写

研发历史

1993 年 1 月 11 日，美国国防采购委员会批准了 LP-X（LPD-17）计划。它是美国海军为实施其“由海向陆”新战略而建造的第一批新战舰之一，是第一种根据美国海军陆战队“舰对目标机动作战”而设计的两栖战舰，计划建造 26 艘。首舰“圣安东尼奥”号于 2003 年 7 月下水，2006 年 1 月服役。截至 2019 年 5 月，“圣安东尼奥”级船坞登陆舰已有 11 艘建成服役。

基本参数	
满载排水量	24900 吨
长度	208 米
宽度	32 米
吃水深度	7 米
最高速度	22 节
相关简介	

实战性能

“圣安东尼奥”级船坞登陆舰有 3 个总面积达 2360 平方米的车辆甲板、3 个总容量 962 立方米的货舱、1 个容量 119 万升的 JP5 航空燃油储存舱、1 个容量达 3.8 万升的车辆燃油储存舱及 1 个弹药储存舱，为登陆部队提供充分的后勤支援。舰内设有 1 个全通式泛水坞穴甲板，由舰尾升降闸门出入，可停放 2 艘 LCAC 气垫登陆艇或 1 艘 LCU 通用登陆艇，位于舰体中部、紧邻坞穴的部位可停放 14 辆新 1 代先进两栖突击载具。此外，该级舰还能搭载多种航空器，包括 CH-46 中型运输直升机、CH-53 重型运输直升机或 V-22 倾转旋翼机。

趣味小知识

“圣安东尼奥”级船坞登陆舰前九艘延续美国海军以城市来命名船坞登陆舰的传统，其中八号舰“阿灵顿”号、九号舰“萨默塞特”号都是纪念 2001 年 9 月 11 日的“9・11”恐怖攻击。

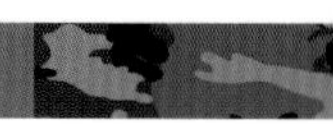

“新港”级坦克登陆舰

“新港”级坦克登陆舰（Newport class tank landing ship）是美国于20世纪60年代中期开始建造的坦克登陆舰，共建造了20艘。

研发历史

20世纪50年代末期，美国海军提出了“发展20节登陆战舰艇”的计划，要求所有登陆舰艇的航速和担任护航任务的战斗舰艇的巡航速度相适应，使整个登陆编队的航速达到20节。为达到这一要求，美国海军于20世纪60年代研制出“新港”级坦克登陆舰，首舰“新港”号（LST-1179）于1969年开始服役。2002年，该级舰从美国海军退役，但有部分被售予其他国家继续服役。

基本参数	
满载排水量	8500吨
长度	159米
宽度	21米
吃水深度	5.3米
最高速度	20节
相关简介	

实战性能

“新港”级坦克登陆舰主要用于运载坦克和车辆，运载量为500吨。此外，还可运载400名海军陆战队员（其中20名军官），并搭载1艘大型人员登陆艇和3艘车辆人员登陆艇。该级舰还设有直升机平台，可起降2架直升机。该级舰的自卫武器为2座双联装MK 33型76毫米炮和1座MK 15“密集阵”近程防御武器系统。

趣味小知识

“新港”级坦克登陆舰的舰体后部两舷装有4个浮箱，每个浮箱长约25米，宽约6米，负重75吨。当海岸状况不宜直接登陆时，可将4个浮箱连成一条100米长的浮桥。

“蓝岭”级两栖指挥舰

“蓝岭”级两栖指挥舰（Blue Ridge class command ship）是美国于 20 世纪 60 年代建造的两栖指挥舰，共建造了 2 艘。

“蓝岭”级两栖指挥舰上层建筑特写

“蓝岭”级两栖指挥舰前甲板特写

研发历史

1964 年 12 月，美国海军通过了“蓝岭”级两栖指挥舰的建造计划。1967 年 2 月，美国费城海军造船厂开始建造这一全新的军舰。1969 年 1 月，首舰“蓝岭”号在美国费城海军造船厂下水，次年 11 月加入美国海军服役。经过一段时间的试验，“蓝岭”号于 1979 年 10 月正式成为美国海军第 7 舰队的旗舰。二号舰“惠特尼山”号 1971 年 1 月服役，成为美国海军第 6 舰队的旗舰。

基本参数	
满载排水量	18874 吨
长度	194 米
宽度	32.9 米
吃水深度	8.8 米
最高速度	23 节
相关简介	

实战性能

与美国海军老一代的旗舰相比，“蓝岭”级两栖指挥舰基本不具备执行其他任务的能力，完全是一艘专用的舰队指挥舰。该级舰的“旗舰指挥中心”是一个大型综合通信及信息处理系统，它与 70 多台发信机和 100 多台收信机连接在一起，同 3 组卫星通信装置相通，可以 3000 词 / 秒的速度同外界进行信息交流。接收的全部密码可自动进行翻译，通过舰内自动装置将译出的电文送到指挥人员手中，同时可将这些信息存储在综合情报中心的计算机中。

趣味小知识

“蓝岭”级两栖指挥舰得名于美国蓝岭山脉，该山脉是阿帕拉契山脉的一部分，绵亘 990 千米，宽 8 ～ 105 千米。

“洛杉矶”级潜艇

“洛杉矶”级潜艇（Los Angeles class submarine）是美国于 20 世纪 70 年代初开始建造的攻击型核潜艇，共建造了 62 艘。

“洛杉矶”级潜艇导弹垂直发射装置特写

“洛杉矶”级潜艇控制室特写

研发历史

20 世纪 60 年代中期，苏联研制出“维克托”级攻击型核潜艇。与此同时，美国也开始发展新型核潜艇。1964 年，美国开始研究 SSN688 级高速核潜艇，最终定名为“洛杉矶”级，并于 1968 年开始研制工作。首艇“洛杉矶”号于 1972 年 2 月开工，1976 年 11 月开始服役。截至 2019 年 5 月，仍有 32 艘“洛杉矶”级潜艇在美国海军服役。

基本参数	
满载排水量	6927 吨
长度	110.3 米
宽度	10 米
吃水深度	9.9 米
最高速度	32 节
相关简介	

实战性能

“洛杉矶”级潜艇很好地处理了高速与安静的关系，使最大航速在降低噪声的基础上达到最佳。该级艇在舰体中部设有 4 座 533 毫米鱼雷发射管，可发射“鱼叉”反舰导弹、“萨布洛克”反潜导弹、“战斧”巡航导弹以及传统的线导鱼雷等。从“普罗维登斯”号开始的后 31 艘潜艇又加装了 1 座十二联装导弹垂直发射装置，可在不减少其他武器数量的情况下，增载 12 枚“战斧”巡航导弹。此外，该级艇还具备布设 Mk 67 触发水雷和 Mk 60“捕手”水雷的能力。

趣味小知识

1991 年海湾战争中，美国海军曾派出 2 艘“洛杉矶”级潜艇参战，并发射了上百枚“战斧”巡航导弹攻击伊拉克陆地上的军事设施，这也是美国攻击型核潜艇首次进行对陆攻击。

“海狼”级潜艇

“海狼”级潜艇（Seawolf class submarine）是美国于 20 世纪 80 年代研制的攻击型核潜艇，静音性能较佳，共建造了 3 艘。

“海狼”级潜艇指挥塔外部特写

“海狼”级潜艇主控室特写

研发历史

为了保持攻击型核潜艇的优势，美国海军从 20 世纪 80 年代中期就开始研制替代“洛杉矶”级的“海狼”级攻击型核潜艇，并于 1989 开始建造。最初美国海军计划在 10 年间以每年 3 艘的速度，建造 29 艘“海狼”级潜艇，后由于冷战结束、删减国防预算和部分的技术问题，造价过于高昂的“海狼”级潜艇建造计划被取消，最终只建成了 3 艘。首艇“海狼”号于 1997 年 7 月开始服役，二号艇“康涅狄格”号于 1998 年 12 月开始服役，三号艇“吉米·卡特”号于 2005 年 2 月开始服役。

基本参数	
满载排水量	9142 吨
长度	107.6 米
宽度	12.2 米
吃水深度	10.7 米
最高速度	35 节
相关简介	

实战性能

与以往的美国攻击型潜艇相比，“海狼”级潜艇的鱼雷发射管数量、口径和武器搭载量都大幅增加，并为将来换装全新发展的武器预留了空间。该级艇装有 8 座 660 毫米鱼雷发射管，可配装 50 枚 Mk 48 鱼雷（或“战斧”导弹、“鱼叉”导弹），也可换为 100 枚水雷。“海狼”级潜艇能够用极为安静的方式在水下以 20 节的速度航行，除了使“海狼”级潜艇更难被侦测到外，也不会因潜艇本身的噪声影响搜寻。值得一提的是，“海狼”级潜艇配有能透过冰层的侦测装置，可在北极冰下海区执行作战任务。

趣味小知识

“海狼”级潜艇的命名与编号严重打乱了美国海军的命名规则，首艇打破了自“洛杉矶”级潜艇启用的城市命名规则，回归以海洋生物命名的传统。二号舰以康涅狄格州为名，三号舰又以前美国总统吉米·卡特的名字命名。

“弗吉尼亚”级潜艇

“弗吉尼亚”级潜艇（Virginia class submarine）是美国海军正在建造的最新一级攻击型核潜艇，计划建造 66 艘。

研发历史

1992 年，美国取消了“海狼”级攻击型核潜艇的后续建造计划，因为这种潜艇的造价过于昂贵，体积过于庞大。与此同时，美国海军开始筹划另一种排水量、价格均低于“海狼”级的新一代攻击型核潜艇，作为“海狼”级潜艇的替代方案。该计划的最终产物就是 2000 年开始建造的“弗吉尼亚”级攻击型核潜艇，计划建造 66 艘。2004 年，首艇“弗吉尼亚”号开始服役。截至 2019 年 5 月，“弗吉尼亚”级潜艇已有 17 艘入役。

基本参数	
满载排水量	7928 吨
长度	115 米
宽度	10.4 米
吃水深度	10.1 米
最高速度	30 节
相关简介	

实战性能

“弗吉尼亚”级潜艇装有 1 座十二联装导弹垂直发射装置，可使用射程为 2500 千米的对陆攻击型“战斧”巡航导弹，能够对陆地纵深目标实施打击。该级艇还安装了 4 座 533 毫米鱼雷发射管，发射管具有涡轮气压系统，解决了发射前需要注水而产生噪声的弊端。这 4 具鱼雷发射管不但可以发射 Mk 48 型鱼雷、“鱼叉”反舰导弹以及布放水雷，还可以发射、回收水下无人驾驶遥控装置，以及无人飞行器。

趣味小知识

“弗吉尼亚”级潜艇采用地名命名法，大多以美国各州为命名依据，其中弗吉尼亚州位于美国东部大西洋沿岸，是美国最初的十三州之一，首府为里士满。

"拉斐特"级潜艇

"拉斐特"级潜艇（Lafayette class submarine）是美国研制的第三代弹道导弹核潜艇，共建造了31艘，在1963 ~ 2002年服役。

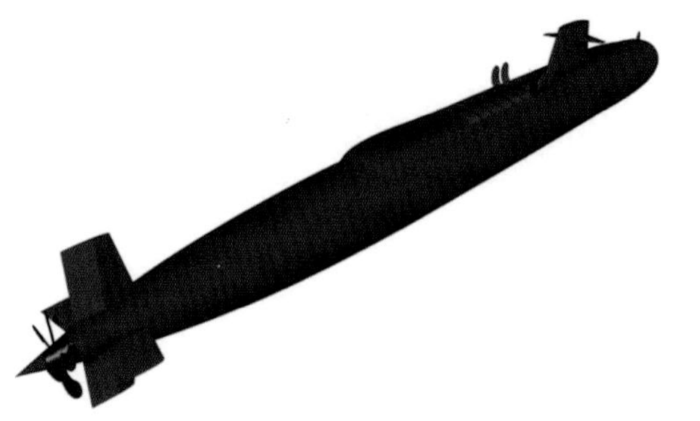

基本参数	
满载排水量	8250吨
长度	129.5米
宽度	10.1米
吃水深度	10米
最高速度	25节
相关简介	

研发历史

自从装载了"北极星"A1型潜射弹道导弹的"乔治·华盛顿"级核潜艇于1959年12月服役后，"北极星"系列弹道导弹就与装载它们的核潜艇处于齐头并进、平行发展的状态。1960年9月，美国国防部决定在"北极星"A2型导弹的基础上继续研制射程为4600千米的"北极星"A3型导弹，同时新型战略核潜艇的设计工作也进入尾声，为了纪念支持美国独立战争的拉斐特伯爵，新型战略核潜艇被命名为"拉斐特"级。首艇"拉斐特"号于1961年1月开工建造，1963年4月开始服役。

实战性能

"拉斐特"级潜艇前8艘装备的是16枚"北极星"A2型导弹，最大射程2800千米。从第9艘开始装备的是"北极星"A3型导弹，最大射程4600千米，可携带3个爆炸当量为20万吨的集束式热核弹头，圆概率误差为927米。除装备有弹道导弹外，"拉斐特"级潜艇还携载了22枚鱼雷用于自卫，通过位于艇首的4具533毫米水压式鱼雷发射管发射。鱼雷以MK 37或MK 45线导反潜鱼雷为主，也可以使用MK 14、MK 16和MK 48鱼雷。

趣味小知识

"拉斐特"级潜艇共建造了31艘，是美国海军二战后建造批量最大的弹道导弹核潜艇，自20世纪60年代后期至90年代初，一直是美国战略核潜艇部队的主力。

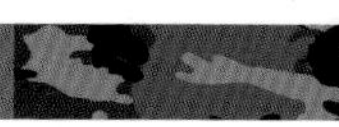

“俄亥俄”级潜艇

“俄亥俄”级潜艇（Ohio class submarine）是美国海军装备的第四代弹道导弹核潜艇，共建造了 18 艘。冷战结束后，有 4 艘被改装为巡航导弹核潜艇。

“俄亥俄”级潜艇指挥塔特写

“俄亥俄”级潜艇内部过道特写

研发历史

1967 年，美国制订了“水下远程导弹系统”（ULMS）计划。1972 年年初，ULMS-I 型导弹研制成功，命名为“三叉戟”I 型导弹。同时，美国开始发展新型弹道导弹潜艇以供“三叉戟”导弹使用，“俄亥俄”级潜艇的建造计划因此浮出水面。首艇“俄亥俄”号于 1976 年 4 月开始建造，1979 年 4 月下水，1981 年 11 月开始服役。冷战结束后，根据美俄达成的削减进攻性战略武器条约，有 4 艘“俄亥俄”级潜艇被改装为巡航导弹核潜艇。

基本参数	
满载排水量	18750 吨
长度	170 米
宽度	13 米
吃水深度	11.8 米
最高速度	20 节
相关简介	

实战性能

“俄亥俄”级潜艇设有 24 具导弹垂直发射装置，最初发射“三叉戟”I 型导弹，后升级为“三叉戟”II 型导弹。被改装成巡航导弹核潜艇的 4 艘“俄亥俄”级潜艇，则改用“战斧”常规巡航导弹。除导弹外，各艇另有 4 座 533 毫米鱼雷发射管，可携带 12 枚 Mk 48 多用途线导鱼雷，用于攻击潜艇或水面舰艇。

趣味小知识

“俄亥俄”级潜艇经常成为小说和电影中的重要角色。其中，“阿拉巴马”号是电影《赤色风暴》的主要背景，电影讲述了该潜艇由于受到攻击而无法顺利接收到总部传递的是否发射潜射弹道导弹的命令，最终导致一场发生于舰长和副舰长之间的兵变冲突的故事。

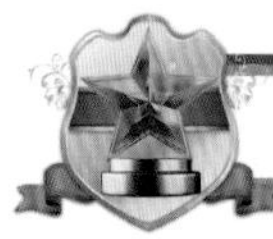

"哥伦比亚"级潜艇

"哥伦比亚"级潜艇（Columbia class submarine）是美国正在规划建造的新一代弹道导弹核潜艇，计划建造 12 艘。

研发历史

基本参数	
满载排水量	20810 吨
长度	171 米
宽度	13 米
吃水深度	未公开
最高速度	未公开
相关简介	

美国海军从 21 世纪初就着手研究战略核潜艇的换代项目，也被称为 SSBN-(X) 项目，旨在为美国海军研制 12 艘新型弹道导弹核潜艇以取代现役的 14 艘"俄亥俄"级战略核潜艇。由于深陷伊拉克战争，SSBN-(X) 的进程一度迟缓，从 2010 年开始之后项目加快。2014 年，该级艇完成定型设计，包括总体设计、水动力设计、耐压壳、武器系统等。2016 年 12 月，SSBN-(X) 的首艇被命名为"哥伦比亚"号，计划于 2021 年开工建造，2031 年开始服役。

实战性能

"哥伦比亚"级潜艇将首次采用模块化的通用导弹舱设计。当前，包括"俄亥俄"级在内的世界各国现役战略核潜艇，均采用相互独立的潜射弹道导弹发射筒设计，而"哥伦比亚"级潜艇的一大特色技术就是发射系统采用了 4 个通用发射模块，每个模块由 4 个直径为 2 米的发射筒组成，相关辅助设备也集成在舱内，外部管线和接口数量将大大减少，工艺性、可靠性、维修性、安全性则大幅提高。

趣味小知识

"哥伦比亚"级潜艇引入了电力推进系统，省去了齿轮箱、推进轴这些部件，消降了潜艇的一大噪声源。

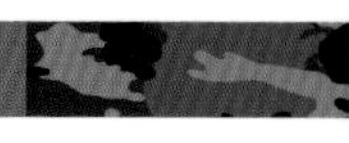

“沃森”级车辆运输舰

“沃森”级车辆运输舰（Watson class vehicle cargo ship）是美国于 20 世纪 90 年代初建造的车辆运输舰，也被称为战略预置舰，共建造了 8 艘。

“沃森”级车辆运输舰艏部特写

“沃森”级车辆运输舰吊运车辆

研发历史

基本参数	
满载排水量	63649 吨
长度	289.6 米
宽度	32.8 米
吃水深度	10.4 米
最高速度	24 节
相关简介	

美国军事海运司令部将所辖的数级滚装运输舰统称为大型中速滚装船（Large,Medium-Speed Roll-on/Roll-off，LMSR），包括“沃森”级（8 艘）、“鲍勃·霍普”级（7 艘）、“戈登”级（2 艘）和“舒哈特”级（3 艘）。与民用商船改装而成的“戈登”级和“舒哈特”级不同，“沃森”级是专门建造的车辆运输舰。首舰“沃森”号（T-AKR-310）于 1997 年 7 月下水，1998 年 6 月开始服役。八号舰“索德曼”号（T-AKR-317）于 2002 年 4 月下水，2002 年 9 月开始服役。

实战性能

“沃森”级车辆运输舰拥有高达 395000 平方米的可用货舱甲板面积，总共可承载 13000 吨的物资，包括陆军重装师的主战坦克以及直升机等，舰上另可载运 300 名士兵。该级舰能够运送 1 个满编的美国陆军特遣部队，包括 58 辆主战坦克、48 辆履带式车辆、900 多辆卡车和其他轮式车辆。由于是军事海运司令部的船只，“沃森”级车辆运输舰平时并不配备任何武装。

趣味小知识

“沃森”级车辆运输舰可以执行战略预置任务，也可为美军在全球的快速展开提供装备运输能力，保障美军在应付全球突发事件时重新部署。

“萨克拉门托”级快速战斗支援舰

“萨克拉门托”级快速战斗支援舰（Sacramento class fast combat support ship）是美国于20世纪60年代建造的快速战斗支援舰，共建造了4艘。

“萨克拉门托”级快速战斗支援舰左舷特写

“萨克拉门托”级快速战斗支援舰直升机甲板特写

研发历史

1957年，时任美国海军作战部部长阿利·伯克在由他亲自主持的海军航行补给会议上，正式提出设计建造“一站式补给舰”和研制一种从补给舰的货舱、油舱到接收舰的弹药舱、干货舱和油舱之间的自动化航行补给系统。在阿利·伯克的直接推动和主持下，“萨克拉门托”级快速战斗支援舰诞生了。美国海军原本打算建造5艘同级舰，但由于造价和操作费用太高，所以五号舰计划被迫取消。首舰“萨克拉门托”号（T-AOE-1）于1961年6月开工建造，1964年3月开始服役。2005年，该级舰从美国海军退役。

基本参数	
满载排水量	53000吨
长度	242.3米
宽度	32.6米
吃水深度	11.9米
最高速度	26节
相关简介	

实战性能

“萨克拉门托”级快速战斗支援舰上共设15个补给站，其中左舷9个（4个液货补给站，2个导弹补给站和3个杂货补给站），右舷6个（2个液货补给站和4个干货补给站）。此外，还有3个双软管燃油接受站，5个单软管燃油接受站。担任油船角色时，该级舰能运载1968万升舰用油和1022万升航空用油；担任军火船角色时，该级舰能在4小时内为1艘航空母舰补充其所需的全部军械；担任冷藏运输舰角色时，最多可装载1000吨冷冻或干货。

趣味小知识

“萨克拉门托”级快速战斗支援舰上的官兵共分为7个部门，包括驾驶、工程、作战、补给、医疗、航空和行政，各部门各司其职，但又相互配合，协调完成作战任务。

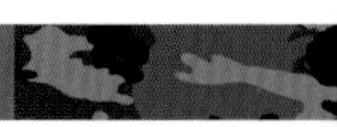

“供应”级快速战斗支援舰

“供应”级快速战斗支援舰（Supply class fast combat support ship）是美国在“萨克拉门托”级基础上改进而来的快速战斗支援舰，共建造了4艘。

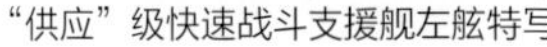

“供应”级快速战斗支援舰左舷特写

“供应”级快速战斗支援舰直升机甲板特写

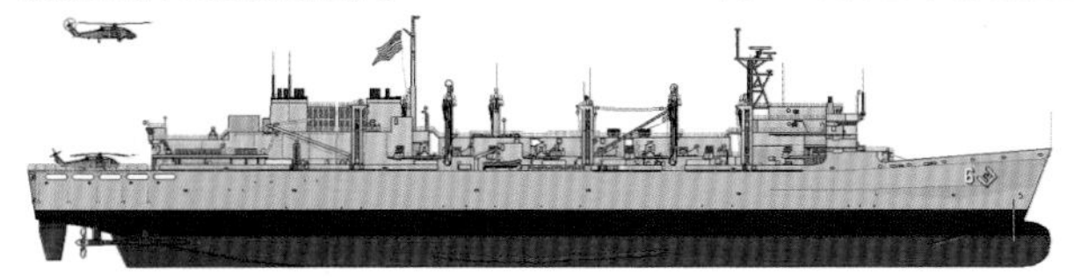

研发历史

20世纪80年代初，为加强舰队航行补给能力，美国开始研制新一级快速战斗支援舰，即“供应”级。该级舰于1981年12月开始可行性研究，1984年12月完成合同设计。美国海军原计划装备11艘“供应”级快速战斗支援舰，最终只装备了4艘。首舰“供应”号（T-AOE-6）于1989年2月开工建造，1994年2月服役。四号舰“布里奇”号（T-AOE-10）于1994年8月开工建造，1998年8月开始服役。

基本参数	
满载排水量	49600吨
长度	229.8米
宽度	32.6米
吃水深度	11.9米
最高速度	25节
相关简介	

实战性能

“供应”级快速战斗支援舰上设有6个补给站，干液货各半。补给装置采用标准横向补给系统，补给速度快、补给量大，通常能在4～6级海情下补给，工作效率高。舰上配有4座10吨吊车和2座升降机，用以从储藏室向补给站提升货物。此外，还有2个垂直补给站，配3架直升机。该级舰可以装载超过7000吨船用燃油、9000吨航空燃油、200吨润滑油、1800吨弹药、400吨冷藏食品和90吨淡水，另外，还有9000立方米空间可根据情况装载船用燃油或航空燃油。这样，总货物装载量可达26000吨。

趣味小知识

2001年到2004年，“供应”级快速战斗支援舰逐渐从美国海军移交给了军事海运司令部，由民间雇员操作。

“威奇塔”级综合补给舰

“威奇塔”级综合补给舰（Wichita class replenishment oiler）是美国于 20 世纪 60 年代后期建造的综合补给舰，主要用于向航空母舰战斗编队或舰船供应正常执勤所需的燃油、航空燃油、弹药、食品、备件等各种补给品。

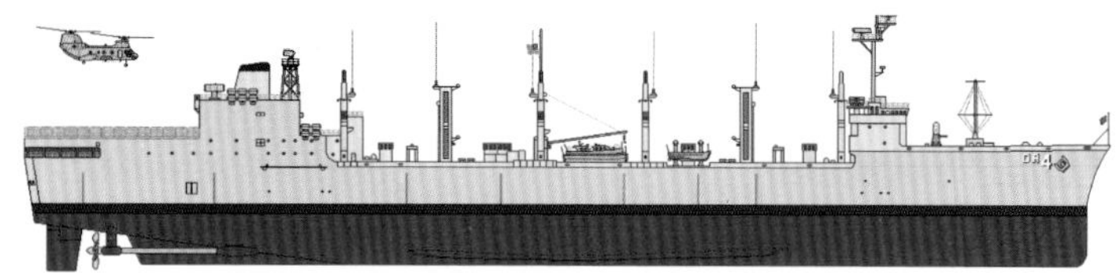

研发历史

“威奇塔”级综合补给舰一共建造了 7 艘，首舰“威奇塔”号（AOR-1）于 1966 年 6 月开工建造，1969 年 6 月服役。七号舰“罗诺克”号（AOR-7）于 1974 年 1 月开工建造，1976 年 10 月服役。由于航速和电子设备标准降低，所以“威奇塔”级综合补给舰的造价比“萨克拉门托”级“快速战斗支援舰”降低不少。从 1993 年开始，“威奇塔”级综合补给舰逐渐退役，到 1996 年时全部同级舰退役完毕。

基本参数	
满载排水量	40151 吨
长度	201 米
宽度	29 米
吃水深度	10.6 米
最高速度	20 节
相关简介	

实战性能

“威奇塔”级综合补给舰和“萨克拉门托”级快速战斗支援舰在外形上没有太大区别，都具有一前一后布置的两部分上层建筑，舰体中部设置干液货补给门架。不过，“威奇塔”级的舰型更加丰满，使其能够以更小的舰体装载大量的物资。“威奇塔”级可以搭载 16000 吨燃油、600 吨弹药、200 吨各种干货物资，以及 100 吨冷冻食品。

趣味小知识

“威奇塔”号综合补给舰曾经在 24 小时内给 23 艘舰艇进行了补给，创下一天内补给舰只最多的纪录，并因此获得了武装部队远征奖章。

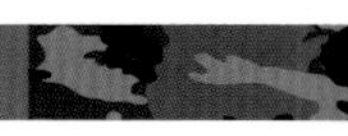

“锡马隆”级补给油船

“锡马隆”级补给油船（Cimarron class replenishment oiler）是美国于 20 世纪 70 年代设计建造的补给油船，共建造了 5 艘。

研发历史

“锡马隆”级补给油船是 20 世纪 70 年代中期由美国海军向国会提出建造的，当时美国海军使用的补给油船大多是二战时期建造的，急需新船置换。新船的主要使命是从海外基地或美国本土基地向前沿的综合补给舰进行燃油再补给，也可直接向战斗舰艇补给燃油及输送少量干货和人员。1976 年，美国海军选定阿冯达尔船厂进行施工设计。美国海军申请建造 15 艘，但国会只批准 5 艘，均由阿冯达尔船厂建造。首舰“锡马隆”号（AO-177）于 1978 年 3 月开工建造，1981 年 1 月服役。1999 年，“锡马隆”级补给油船从美国海军退役。

基本参数	
满载排水量	36184 吨
长度	216 米
宽度	27 米
吃水深度	9.8 米
最高速度	20 节
相关简介	

实战性能

“锡马隆”级补给油船最初设计的燃油容量为 120000 桶（在原油或石油相关产品中，1 石油桶相当于 158.9873 升，即 42 美制加仑或 34.9723 英制加仑），1987 财政年度进行了船舯切断加长工程，使船长由 180.5 米增加到 216 米，燃油容量由 120000 桶增加到 180000 桶，共计 2862 万升。“锡马隆”级补给油船的自卫武器比较简单，仅有 2 座 MK 15“密集阵”近程防御武器系统。

趣味小知识

“锡马隆”级补给油船的补给装置设在甲板室前方。甲板室前方左舷设 3 个液货补给站和 1 个干货补给站，右舷设 2 个液货补给站和 1 个干货补给站。

“亨利 · J. 凯撒”级补给油船

“亨利 • J. 凯撒”级补给油船（Henry J. Kaiser class replenishment oiler）是美国于 20 世纪 80 年代设计建造的补给油船，一共建造了 16 艘。

研发历史

1982 年 11 月，为了能从基地港口到舰队间穿梭支援航空母舰战斗群，并向“萨克拉门托”级和“供应”级快速战斗支援舰进行再补给，美国海军与阿冯达尔船厂签订了“亨利•J. 凯撒”级补给油船的建造合同。首舰“亨利 • J. 凯撒”号（T-AO-187）于 1984 年 8 月开工建造，1985 年 10 月下水，1986 年 12 月服役。该级舰原计划建造 18 艘，实际建成 16 艘，建造工作于 1996 年 5 月完成。截至 2019 年 5 月，仍有 15 艘“亨利 • J. 凯撒”级补给油船在美国海军服役，另有 1 艘在智利海军服役。

基本参数	
满载排水量	31200 吨
长度	206.7 米
宽度	29.7 米
吃水深度	10.5 米
最高速度	20 节
相关简介	

实战性能

“亨利 • J. 凯撒”级补给油船的补给装置设在船体中部，有 5 个燃油补给站，2 个干货补给站。柴油的补给速度为 3406 立方米 / 时，汽轮机燃料油的补给速度为 2044 立方米 / 时。“亨利 • J. 凯撒”级补给油船在和平时期没有安装自卫武器，战时可加装 2 座 MK 15“密集阵”近程防御武器系统。

趣味小知识

“亨利 • J. 凯撒”级补给油船得名于二战时期美国大名鼎鼎的“船王”亨利 • J. 凯撒，他在战争期间主持建造了“自由轮”，他的名字也因此成为美国工业力量的象征。

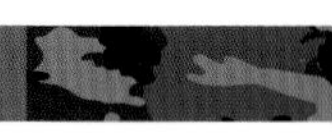

“基拉韦厄”级弹药补给舰

“基拉韦厄”级弹药补给舰（Kilauea class ammunition ship）是美国于 20 世纪 60 年代设计建造的弹药补给舰，共建造了 8 艘。

研发历史

“基拉韦厄”级弹药补给舰原计划建造 13 艘，其中前 2 艘由昆西造船厂承建，随后的 6 艘分别交予伯利恒钢铁公司和英格尔斯造船厂。最后 5 艘原计划加大舰体并换用燃气轮机，但因各种原因取消了建造。首舰“基拉韦厄”号于 1966 年 3 月开工建造，1968 年 8 月开始服役。20 世纪 80 年代，“基拉韦厄”级弹药补给舰逐步划归军事海运司令部管理。该级舰从 2004 年开始逐步退役，最终在 2013 年全部退役。

基本参数	
满载排水量	20500 吨
长度	172 米
宽度	25 米
吃水深度	8.8 米
最高速度	20 节
相关简介	

实战性能

“基拉韦厄”级弹药补给舰的甲板上设有 7 座干货补给门架和 1 个燃料补给站，并配备了现代航行补给系统，摒弃以往吊杆式补给方式，采用张力补偿来减轻两船航向变化的影响。全舰总计可以搭载 6000 吨各型弹药，弹药种类涵盖海陆军所有类型。2 个冷藏库可以携带部分冷冻食品物资。此外，该级舰还设有一个储量 2688 万升的油舱。“基拉韦厄”级弹药补给舰具备完善的直升机保障体系，其直升机平台可以起降任何美国军用直升机以及大部分商业和盟军的直升机。

趣味小知识

“基拉韦厄”级弹药补给舰服役时在舰艏安装了 2 座双联装 76 毫米舰炮作为自卫武器，在改造时换装为 2 座 MK 15“密集阵”近程防御武器系统。

“先锋”级远征快速运输舰

“先锋”级远征快速运输舰（Spearhead class expeditionary fast transport）是美国海军主导的1个造船项目，其主要作用是在全球任务范围内运输部队、军用车辆、货物和设备。

“先锋”级远征快速运输舰艏部特写

“先锋”级远征快速运输舰直升机甲板特写

研发历史

“先锋”级远征快速运输舰最初被称为“联合高速船”（Joint High Speed Vessel，JHSV）。2010年7月22日，奥斯塔美国公司为首艘“先锋”级远征快速运输舰举行了龙骨铺设仪式。首舰“先锋”号于2011年9月下水，2012年12月开始服役。按照计划，美国海军将装备14艘“先锋”级远征快速运输舰。截至2019年5月，“先锋”级远征快速运输舰已有10艘建成服役。

基本参数	
满载排水量	2362吨
长度	103米
宽度	28.5米
吃水深度	3.8米
最高速度	43节
相关简介	

实战性能

“先锋”级远征快速运输舰能够运送600吨物资以35节的航速航行1200海里，并能在吃水深度较浅的港口和航道工作，可搭载部队和装备执行军事任务，又能在濒海区执行人道主义任务。不过，美国军方在进行后续作战试验表明，“先锋”级远征快速运输舰虽然适合操作，但在一些特定任务中仍存在局限性，不能有效操作。据悉，“先锋”级远征快速运输舰只有在海浪高度小于0.1米的海况（接近1级波浪）下才能进行车辆运输作业，而这种情况只存在于有屏障的港口。

趣味小知识

“先锋”级远征快速运输舰装有完善的滚装登陆设备，M1“艾布拉姆斯”主战坦克可从船上直接登陆作战。

“汉密尔顿”级巡逻舰

“汉密尔顿”级巡逻舰（Hamilton class cutter）是美国于 20 世纪 60 年代建造的远洋巡逻舰，共建造了 12 艘。

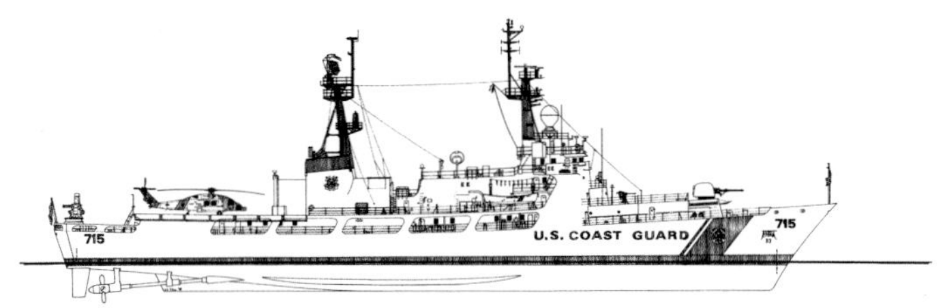

研发历史

“汉密尔顿”级巡逻舰的首舰“汉密尔顿”号（WHEC-715）于 1965 年 12 月在路易斯安那州新奥尔良附近的阿冯达造船厂下水，1967 年 3 月正式服役。美国海岸警卫队最初计划建成 32 艘同级舰，但在建成 12 艘后便停止了，最后一艘“米德盖特”号（WHEC-726）于 1972 年 3 月开始服役。从 2011 年起，“汉密尔顿”级巡逻舰逐渐从美国海岸警卫队退役，被卖给孟加拉（2 艘）、尼日利亚（2 艘）、菲律宾（3 艘）和越南（1 艘）等国家。截至 2019 年 5 月，仍有 3 艘“汉密尔顿”级巡逻舰在美国海岸警卫队服役。

基本参数	
满载排水量	3250 吨
长度	115 米
宽度	13 米
吃水深度	4.6 米
最高速度	29 节
相关简介	

实战性能

“汉密尔顿”级巡逻舰上没有携带反舰导弹及防空导弹等武器，而是以火炮为主要的攻击和防御武器。舰艏甲板上安装 1 门奥托 • 梅莱拉 76 毫米舰炮，主要用于防空作战，也可用于对海攻击，射速 80 发 / 分。舰艉安装 1 座 MK 15“密集阵”近程防御武器系统，用于近程对空防御，可拦截来袭飞机和反舰导弹等目标，射速高达 3500 发 / 分。另外，舰上还备有 2 挺 12.7 毫米机枪和 2 门 MK 38 型 25 毫米火炮。

趣味小知识

“汉密尔顿”级巡逻舰的尾部设有大型直升机甲板，配有 1 个由加拿大安大略省英达尔技术公司研制的伸缩式机库。

“仁慈”级医院船

“仁慈”级医院船（Mercy class hospital ship）是美国于 20 世纪 70 年代建造的医院船，一共建造了 2 艘。

“仁慈”级医院船的直升机甲板特写

研发历史

1974 年，美国海军“圣殿”号医院船退出现役。围绕着新医院船的建造问题，美国有关当局一直争论不休，直到 1983 年，才相继购置了“价值”号、“玫瑰红”号油轮，先后改装为医院船，命名为“仁慈”号（T-AH-19）和“舒适”号（T-AH-20），统称为“仁慈”级医院船。

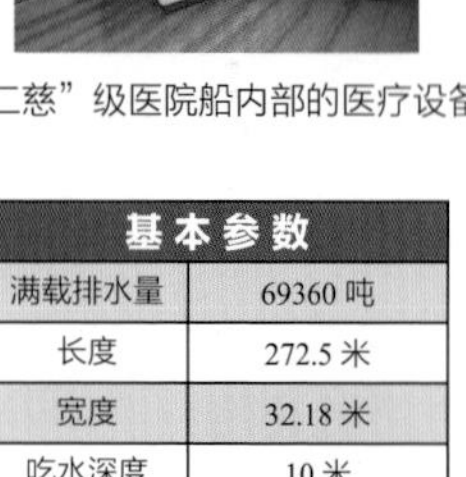

“仁慈”级医院船内部的医疗设备

基本参数	
满载排水量	69360 吨
长度	272.5 米
宽度	32.18 米
吃水深度	10 米
最高速度	17.5 节
相关简介	

实战性能

“仁慈”级医院船的医疗设施先进而齐全，船上配备医务人员 1207 名，其中高级医官 9 名。此外，还有船务人员 68 名。平时，船上只留少数人员值勤，一旦接到命令，5 天内就可完成医疗设备的配置和检修，并装载所需物资和 15 天的给养，同时配齐各级医护人员。“仁慈”级医院船上设有 1 个设施完整的牙科室、1 个血库、1 个理疗和验光配镜中心、4 台淡化水装置（每台每天可产蒸馏水 28400000 升）、500 个氧气瓶和 1 台每小时能制取 181.4 千克液氧的发生器。

趣味小知识

“仁慈”级医院船的船体各处有 9 个巨大的红十字，在白色船体的映衬下显得十分醒目。

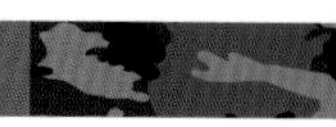

“保卫”级打捞救生船

“保卫”级打捞救生船（Safeguard class salvage ships）是美国海军于 20 世纪 80 年代开始装备的打捞救生船，共建造了 4 艘。

“保卫”级打捞救生船艏部特写

“保卫”级打捞救生船左舷特写

研发历史

基本参数	
满载排水量	3282 吨
长度	77.7 米
宽度	15.5 米
吃水深度	5.04 米
最高速度	15 节
相关简介	

20 世纪 70 年代末，美国海军为替换其近 40 年舰龄的“支持”级打捞救生船，决定建造“保卫”级打捞救生船。美国海军要求“保卫”级的潜水支援、打捞、拖曳和污染控制效能比“支持”级高，并具有更好的电子设备和居住性。“保卫”级原计划建造 5 艘，在 1979 年 8 月完成初步设计，1980 年 12 月完成合同设计，1982 年 2 月同彼得森造船厂签定建造合同。由于防务预算紧缩，最终只建成 4 艘。首舰“保卫”号（T-ARS-50）于 1982 年 11 月开工建造，1985 年 8 月开始服役。2016 年 9 月，“保卫”级打捞救生船从美国海军退役。

实战性能

为适应打捞救生，“保卫”级打捞救生船上设置了 1 个处理有关潜水事故的减压室及最新最先进的起重设备、拖曳设备和潜水设备。为方便作业，“保卫”级打捞救生船配备有较大起吊力的起重机，艏部起重机的起吊力为 150 吨，艉部起重机的起吊力 30 吨。船上带缆桩（固定在甲板上，用以系缚和操作缆索的固定结构）拉力较大，达 65 吨。“保卫”级打捞救生船能以 5 节航速单独拖曳“尼米兹”级航空母舰。

趣味小知识

“保卫”级打捞救生船装有 1 部 AN/SPS-64 导航雷达，并配有计算机化的避碰系统，能自动跟踪 20 个不同的、距离达 76 千米的水面目标，给出它们的准确位置、航速以及相遇的最近点。

“复仇者”级扫雷舰

“复仇者”级扫雷舰（Avenger class mine countermeasures ship）是美国于 20 世纪 80 年代设计建造的远洋深水扫雷舰，共建造了 14 艘。

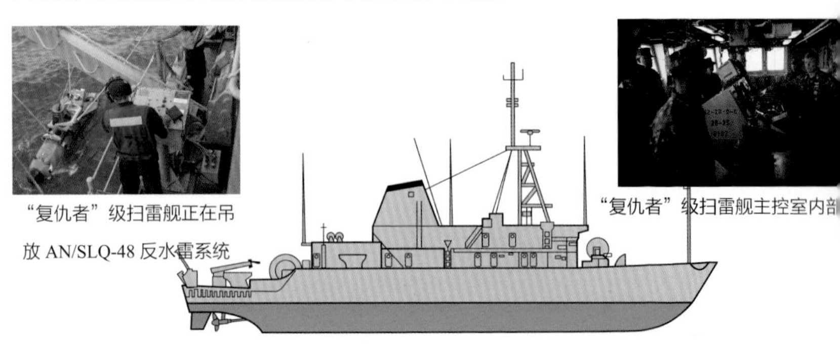

“复仇者”级扫雷舰正在吊放 AN/SLQ-48 反水雷系统

“复仇者”级扫雷舰主控室内部

研发历史

二战后，美国海军一度忽视了反水雷舰艇的建造与使用，以致在局部海战和冲突中吃亏不小。20 世纪 80 年代，美国海军决定加强反水雷舰艇的研制，“复仇者”级扫雷舰就是其中一级。该级舰共建造了 14 艘，首舰于 1983 年 6 月开工，1985 年 6 月下水，1987 年 9 月开始服役。截至 2019 年 5 月，“复仇者”级扫雷舰仍有 11 艘在役。

基本参数	
满载排水量	1390 吨
长度	68 米
宽度	12 米
吃水深度	4.6 米
最高速度	14 节
相关简介	

实战性能

“复仇者”级扫雷舰的舰体采用多层木质结构，表面包有多层玻璃纤维，具有耐冲击、抗摩擦等特点。不过，由于舰体采用木材制造，整体强度不够，“复仇者”级扫雷舰的维护成本较高。“复仇者”级扫雷舰的扫雷系统比较完善，舰上的 AN/SLQ-48 反水雷系统的工作深度超过 100 米，由电动机驱动，舰上操作人员通过 1500 米长的电缆实现电源供给和操纵控制。此外，舰上还配有 AN/SLQ-38 机械扫雷具、AN/SLQ-37 磁 / 声感应扫雷具等。

趣味小知识

“复仇者”级扫雷舰的自卫武器非常简单，仅装有 2 挺 12.7 毫米重机枪。

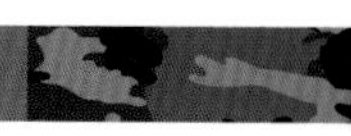

LCAC 气垫登陆艇

LCAC（Landing Craft Air Cushion）气垫登陆艇是美国于 20 世纪 80 年代研制的气垫登陆艇，共建造了 91 艘，从 1986 年服役至今。

基本参数	
满载排水量	185 吨
长度	26.4 米
宽度	14.3 米
吃水深度	0.9 米
最高速度	40 节
相关简介	

研发历史

为有效地实施两栖登陆艇的发展计划，美国于 1977 年 10 月在佛罗里达州的海军海岸系统研究中心建立了 1 个攻击快艇试验机构，专门试验气垫登陆艇，并先后建造了 JEFFA 和 JEFFB 两种原型艇。随后，美国海军以此为基础，制订了 LCAC 气垫登陆艇发展计划。该艇于 1986 年开始服役，截至 2019 年 5 月仍然大量装备美国海军。此外，日本海上自卫队也少量装备。

实战性能

LCAC 气垫登陆艇的艇体为铝合金结构，不受潮汐、水深、雷区、抗登陆障碍和近岸海底坡度的限制，可在全世界 70% 以上的海岸线实施登陆作战。不过，LCAC 气垫登陆艇没有装甲防护，发动机和螺旋桨都暴露在外部，在火力密集的高强度条件下作战易损坏。被运载的装备全部露天放置，恶劣天气下不利于保养。LCAC 气垫登陆艇可搭载 150 名士兵，或 24 名士兵加 1 辆主战坦克。在登陆作战时，携带 LCAC 气垫登陆艇的两栖舰船在远离岸边 20 ~ 30 海里时，便可让 LCAC 气垫登陆艇依靠自身的动力将人员和装备送上敌方滩头，从而保证了自身的安全。自卫武器方面，LCAC 气垫登陆艇装有 2 挺 12.7 毫米机枪。

趣味小知识

LCAC 气垫登陆艇是美国海军陆战队进行登陆作战的利器，它的出现使美军实现了人“不沾水”登陆，并能配合垂直登陆的直升机进行多兵种作战。

Chapter 04

军用车辆

军用车辆是军队的重要装备之一，是军队战斗力中机动能力的重要组成部分，是顺利完成后勤服务的物质基础。美国陆军和海军陆战队都装备了不少性能优异的军用车辆，包括坦克、步兵战车、装甲运兵车、两栖战车、运输车等。

M41“华克猛犬”轻型坦克

M41“华克猛犬”（M41 Walker Bulldog）坦克是美国于 20 世纪 50 年代研制的轻型坦克，得名于美国陆军名将沃尔顿·华克。除美国外，奥地利、比利时、巴西、日本等国家也有采用。

M41 坦克负重轮特写

M41 坦克炮塔内部特写

研发历史

二战后由于美苏关系日益紧张，面对苏军强大的装甲力量，美国在 1949 年决定研制 T41 轻型坦克、T42 中型坦克和 T43 重型坦克（后来的 M103 重型坦克）3 种新的坦克。其中，T41 是准备用来取代 M24“霞飞”轻型坦克的一种轻型坦克，1951 年投入生产并正式命名为 M41“沃克猛犬”坦克。该坦克由 M24 轻型坦克改进而成，加强了火力，重新设计了炮塔、防盾、弹药贮存、双向稳定器及火控系统，并提高了机动性，但防护仍然较弱。

基本参数	
长度	5.82 米
宽度	3.2 米
高度	2.71 米
重量	23.5 吨
最高速度	72 千米 / 时
相关简介	

实战性能

M41 坦克的车体前上甲板倾角 60 度、厚 25.4 毫米，火炮防盾厚 38 毫米，炮塔正前面厚 25.4 毫米。该坦克安装有 1 门 76 毫米 M32 火炮，可发射榴弹、破甲弹、穿甲弹、榴霰弹、黄磷发烟弹等多种弹药，弹药基数 57 发。火炮左侧有 1 挺 7.62 毫米 M1919A4E1 并列机枪，炮塔顶的机枪架上还装有 1 挺 12.7 毫米 M2HB 高射机枪。

趣味小知识

M41 坦克的制式设备包括加温器、涉深水装置、电动排水泵等。基型车未安装夜视设备，但最后一批生产的车辆在火炮上方安装了红外探照灯。

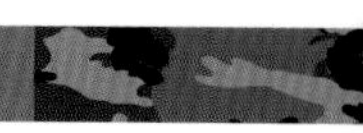

M551“谢里登”轻型坦克

M551“谢里登”（M551 Sheridan）轻型坦克是美国于 20 世纪 60 年代研制的轻型坦克，主要装备空降部队，曾参加越南战争和海湾战争等局部战争。

M551 坦克主炮特写

M551 坦克履带特写

研发历史

20 世纪 50 年代末期，美国陆军装甲部队急需一种轻型坦克，M41“华克猛犬”坦克已经无法满足新的作战需求，而被美国陆军寄予厚望的 T-92 轻型坦克计划又因为其不具备浮渡能力而遭到否决，因此美国陆军不得不展开了 1 个新的轻型坦克研制计划。1960 年 6 月，通用汽车公司凯迪拉克分公司的方案从竞争中脱颖而出，并被命名为 ARAAV XM551。此后，凯迪拉克公司展开了正式研制工作。1961 年 8 月，美国陆军将 XM551 命名为“谢里登”。1966 年 5 月，XM551 正式定型为 M551 轻型坦克，并开始批量生产。

基本参数	
长度	6.3 米
宽度	2.8 米
高度	2.3 米
重量	15.2 吨
最高速度	70 千米 / 时
相关简介	

实战性能

M551 轻型坦克的车身以铝合金为主要结构，主要部位加装钢制装甲。车身中央是钢铸炮塔，为了增加防护力而被设计成贝壳形，凭借曲面弧度令来袭炮弹滑开。M551 坦克的主炮和 M60A2“巴顿”坦克相同，即 1 门 152 毫米 M81 滑膛炮。该炮能发射多用途强压弹、榴弹、黄磷发烟弹和曳光弹，还能发射 MGM-51A 反坦克导弹。M551 坦克的辅助武器是 1 挺 7.62 毫米 M73 同轴机枪和在车顶的 1 挺 12.7 毫米 M2 重机枪。

趣味小知识

M551 坦克可以用 C-130 运输机空运和空投，在空投时会被固定在一块铝质底板上。

M46“巴顿”中型坦克

M46“巴顿”（M46 Patton）中型坦克是二战后美国研制的第一种坦克，也是第一代“巴顿”坦克，1949 年开始服役。

M46 坦克尾部特写

M46 坦克车体正面装甲特写

研发历史

二战结束后，由于美苏关系日益紧张，面对苏军强大的装甲力量，美国在 1949 年决定研制 T41 轻型坦克（后来的 M41“斗牛犬”坦克）、T42 中型坦克和 T43 重型坦克（后来的 M103 重型坦克）几种新的车型，同时对 M26“潘兴”坦克进行改进，陆续安装了新的发动机、传动装置和新型火炮，命名为 M26E2。1948 年 7 月，M26E2 被重新命名为 M46“巴顿”中型坦克。

基本参数	
长度	8.48 米
宽度	3.51 米
高度	3.18 米
重量	44 吨
最高速度	48 千米 / 时
相关简介	

实战性能

M46 坦克的发动机为大陆 AV-1790-5 型汽油发动机，功率为 595 千瓦。发动机采用了两套独立的点火与供给系统，保证了可靠性。该坦克的主要武器是 1 门 90 毫米 M3A1 型加农炮，带有引射排烟装置，但取消了火炮稳定器。M46 坦克的辅助武器包括 1 挺 12.7 毫米 M2 机枪 2 挺 7.62 毫米 M1919A4 机枪。

趣味小知识

M46 坦克曾参加 20 世纪 50 年代的局部战争，在战斗中无法有效地对付苏制 T-34 中型坦克。

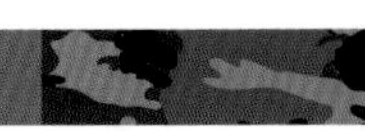

M47“巴顿”中型坦克

M47“巴顿”（M47 Patton）坦克是美国陆军第二代“巴顿”系列坦克，它是根据 M46 坦克在一些局部战争当中的实战经验而得出的改良型，1952 年开始服役。

M47 坦克照明灯特写

M47 坦克炮塔外部特写

研发历史

20 世纪 50 年代，由于美国陆军装备的 M46“巴顿”坦克在一些战争中不能有效地对付苏制 T-34/85 中型坦克和 IS-2 重型坦克，美军便推出了更具威力的 90 毫米 M36 坦克炮。为了容纳这种坦克炮，美军将 M46 坦克的车体前部装甲进行了改进，改善了前装甲倾角，取消了驾驶员和机枪手间的风扇壳体，从而产生了 M47“巴顿”坦克。当时 M47 坦克还存在测距仪性能不可靠等许多问题，因此边生产边修改，进度非常缓慢。

基本参数	
长度	8.51 米
宽度	3.51 米
高度	3.35 米
重量	44.1 吨
最高速度	60 千米 / 时
相关简介	

实战性能

M47坦克的主要武器是1门M36式90毫米火炮，炮口安装有T形或圆筒形消焰器，有炮管抽气装置。炮塔可 360 度旋转，火炮俯仰范围是 -5 度到 +19 度，有效反坦克射程是 2000 米，能发射穿甲弹、榴弹、教练弹和烟幕弹等多种炮弹，炮管寿命是 700 发。该坦克的辅助武器为 2 挺 12.7 毫米 M2 机枪，1 挺 7.62 毫米 M1919A4 机枪。

趣味小知识

美国陆军使用 M47 坦克的时间并不长，很快就被 M48“巴顿”坦克取代，故而 M47 坦克大多外销他国，包括法国、意大利、西班牙、土耳其、希腊和奥地利等。

M48“巴顿”中型坦克

M48“巴顿”（M48 Patton）中型坦克是美国陆军第三代“巴顿”系列坦克，1953年开始服役。

M48坦克炮塔外部特写

M48坦克负重轮特写

研发历史

基本参数	
长度	9.3米
宽度	3.65米
高度	3.1米
重量	49.6吨
最高速度	48千米/时
相关简介	

1950年12月，美国陆军正式要求克莱斯勒汽车公司研制新型T48坦克并制造6辆样车，1951年12月完成首辆样车。因一些战争中苏制T-34坦克的威胁，1951年3月美国陆军在6辆样车测试评估工作未完成之前就签订了总数超过1300辆的T48生产合同。第一辆生产型坦克于1952年4月在克莱斯勒汽车公司的特拉华坦克厂制成，并正式命名为M48“巴顿”坦克。从研制到生产不到两年时间，因此问题甚多，随后又不得不专门设立改装厂来修改M48坦克。在美国，M48坦克一直服役至20世纪80年代，而在其他国家中M48系列坦克甚至仍持续担任战备至今。

实战性能

M48坦克的车头和车底均采用船身的圆弧形，炮塔为圆形，不同部位的装甲厚度从25毫米到120毫米不等，因此具有相当好的装甲防护力。该坦克的主要武器是1门90毫米M41型坦克炮，俯仰范围为-9度到+19度，炮管前端有1个圆筒形抽气装置，炮口有导流反射式制退器，有电击式击发机构，炮管寿命为700发。主炮左侧安装1挺7.62毫米M73式并列机枪，车长指挥塔上安装1挺12.7毫米M2式高射机枪，可在指挥塔内瞄准射击。

趣味小知识

M48坦克无须准备即可涉水1.2米深，装潜渡装置潜深达4.5米。潜渡前所有开口均要密封，潜渡时需要打开排水泵。

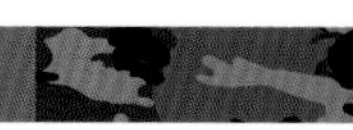

M60“巴顿”主战坦克

M60“巴顿”（M60 Patton）主战坦克是美国陆军第四代也是最后一代“巴顿”坦克，同时也是美国第一种严格意义上的主战坦克。

M60 坦克炮塔特写

M60 坦克履带特写

研发历史

1956 年，为了对抗苏联研制的 T-54 主战坦克，美国以 M48A2 坦克为基础研制新一代坦克，代号为 XM60。1957 年夏季，3 辆 XM60 原型车开始测试。随后美军于 1958 年 10 月至 11 月进行了坦克武器选型试验。最后，由英国 L7A1 线膛炮的身管和美国 T254EI 炮尾组合而成的 105 毫米 M68 线膛炮被选作 XM60 的主要武器。XM60 原型车在进行全面测试后，1959 年 3 月正式定型为 M60“巴顿”主战坦克。

基本参数	
长度	6.94 米
宽度	3.6 米
高度	3.2 米
重量	46 吨
最高速度	48 千米 / 时
相关简介	

实战性能

M60 坦克安装的 105 毫米线膛炮采用液压操纵，并配有炮管抽气装置，最大射速可达 6 ~ 8 发 / 分。该炮可使用脱壳穿甲弹、榴弹、破甲弹、碎甲弹和发烟弹在内的多重弹药，全车载弹 63 发。M60 坦克的辅助武器为 1 挺 12.7 毫米防空机枪和 1 挺 7.62 毫米并列机枪，分别备弹 900 发和 5950 发。此外，炮塔两侧各装有 1 组六联装烟幕弹 / 榴弹发射器。

趣味小知识

M60 坦克的车体前部可以安装 M9 推土铲，用于准备发射阵地或清理障碍。

M103 重型坦克

M103 重型坦克是美国在二战后研制的重型坦克，在冷战期间服役于美国陆军和海军陆战队。在 M1“艾布拉姆斯”主战坦克出现之前，M103 重型坦克一直是美军吨位最重，装甲最厚的坦克。

M103 坦克尾部特写

M103 坦克炮塔特写

基本参数	
长度	6.91 米
宽度	3.71 米
高度	3.2 米
重量	59 吨
最高速度	34 千米 / 时
相关简介	

研发历史

二战即将结束时，美国陆军已经研制出几种试验型重型坦克，包括 T29、T30、T32、T34 等。其中，最为成熟的当属战斗全重达到 70 吨的 T34 重型坦克。不过，由于 T34 重型坦克太重，最终也只停留在样车阶段。1946 年 5 月 14 日，美国克莱斯勒汽车公司提出了新的重型坦克设计方案。1948 年 12 月，美国陆军和克莱斯勒汽车公司签订了研制合同，研制代号为 T43 重型坦克。1951 年 6 月，公司完成了样车的制造工作，并开始在阿伯丁试验场进行各种试验。1953 年，正式定型为 M103 重型坦克。

实战性能

美国军方在设计 M103 坦克时就把火力性能放到首位，其次是装甲防护，最后是机动性。该坦克的主炮是 1 门 120 毫米 M58 线膛炮，备弹 38 发。辅助武器有 2 挺 7.62 毫米并列机枪和 1 挺 12.7 毫米高射机枪（可在指挥塔内由车长遥控操纵射击），分别备弹 5250 发和 1000 发。M103 坦克的车体为铸造钢装甲焊接结构，车体正面装甲厚度为 110 ~ 127 毫米，侧面装甲厚度为 76 毫米，后面装甲厚度为 25 毫米。炮塔各部位的装甲厚度达 114 毫米，火炮防盾的装甲厚度更达到了 178 毫米。单就装甲厚度来说，M103 坦克要优于苏联 IS-3 重型坦克。

趣味小知识

M103 坦克在装备部队后不久，便从欧洲的一线战场上退下来，转给美国国内的海军陆战队。不久之后，美国海军陆战队又将它改装为 M51 坦克抢救车，主要用于在海滩等松软地面实施抢救作业。

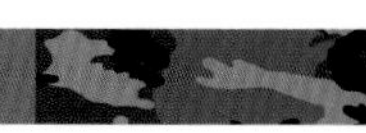

M1“艾布拉姆斯”主战坦克

M1“艾布拉姆斯”（M1 Abrams）主战坦克是美国陆军和海军陆战队的现役主战坦克，1980 年开始装备美国陆军，之后逐渐诞生了 M1A1、M1A2 等改进型。

M1 坦克主炮特写

M1 坦克履带特写

研发历史

M1 主战坦克源于 20 世纪 60 年代美国和德国的 MBT-70 坦克研制计划，MBT-70 计划流产后，美国便以 MBT-70 计划积累的技术继续研发。原型车于 1976 年制造完成，经过 3 年的测试后开始量产，并于 1980 年装备美国陆军，之后逐渐对该坦克进行改进，诞生了 M1A1、M1A2、M1A2 SEP、M1A2 TUSK 等改良型号。除美国外，澳大利亚、伊拉克、科威特、埃及和沙特阿拉伯等国家也有采用。

基本参数	
长度	9.78 米
宽度	3.64 米
高度	2.43 米
重量	63 吨
最高速度	72 千米 / 时
相关简介	

实战性能

M1 坦克的炮塔本体为钢板焊接制造，构型低矮而庞大，装甲厚度从 12.5 毫米到 125 毫米不等，正面与侧面都设有倾斜角度来增加防护能力，故避弹能力大为增加。全车除了 3 个铸造部件外，其余部位都采用钢板焊接而成。此外，车头与炮塔正面加装了陶瓷复合装甲。M1 坦克的初期型号使用 105 毫米线膛炮，从 M1A1 开始改用了德国莱茵金属公司的 120 毫米 M256 滑膛炮。辅助武器为 1 挺 12.7 毫米机枪和 2 挺 7.62 毫米并列机枪，炮塔两侧还装有八联装 L8A1 烟幕榴弹发射器。

趣味小知识

M1 坦克的命名由来是前任美国陆军参谋长、第 37 装甲团指挥官和驻越美军司令官的克雷顿·艾布拉姆斯陆军上将。

LVTP-5 两栖装甲车

LVTP-5（Landing Vehicle Track Personnel-5）两栖装甲车是美国海军陆战队在20 世纪 50 年代至 70 年代使用的两栖履带装甲车，有多种型号，包括地雷清扫车、指挥车、救援拖吊车和火力支援车等，最常见的是装甲运兵车。

LVTP-5 两栖装甲车前方舱门特写

LVTP-5 两栖装甲车侧面装甲特写

研发历史

根据美国海军陆战队的要求，1950 年 12 月英格索尔公司与海军船务局签订合同，研制新一代的两栖装甲战车。1951 年 1 月开始研制，第一辆样车代号为 LVTP-X1，同年 8 月完成。LVTP-5 于 1952 年开始生产并持续到 1957 年，先后共制造 1100 余辆。1956 年，LVTP-5 首次用于黎巴嫩登陆作战。到 20 世纪 60 年代，该车全部在动力舱顶部装了盒式通气管，并进行了一些其他少量改动，定名为 LVTP-5A1。

基本参数	
长度	9.04 米
宽度	3.57 米
高度	2.92 米
重量	37.4 吨
最高速度	48 千米 / 时
相关简介	

实战性能

LVTP-5 两栖装甲车的车体是驳船形全焊接结构，甲板内侧由骨架支撑。虽然 LVTP-5 两栖装甲车相对之前的同类装甲车来说，其装甲有所加固，但敌方火力也在加强，所以它在面对诸如火箭筒之类的武器时，仍不能有效防御。油箱的位置设计在兵员舱的下方，在地雷威力波及下汽油容易因此诱爆，以实战观点而言设计并不成功。该车的固定武器只有 1 挺 7.62 毫米 M1919A4 机枪，火力相对不足。因此，美军通常会利用 LVTP-5 的大容量货舱进行应急改装，如堆放沙包增强防御力，装备无后坐力炮或是迫击炮提供更有效的火力掩护等。

趣味小知识

LVTP-5 两栖装甲车的运载量较大，通常可载士兵 34 人，4 条长椅各坐 8 人，另外 2 人坐在机枪平台上，紧急时可运载 45 名站立着的士兵。

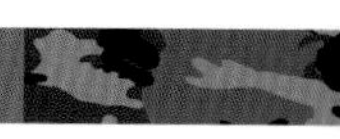

M113 装甲运兵车

M113 装甲运兵车（M113 armored personnel carrier）是美国于 20 世纪 50 年代研制的装甲运兵车，因便宜好用、改装方便而被世界上许多国家采用。

M113 装甲运兵车仪表盘特写

M113 装甲运兵车履带特写

基本参数	
长度	4.86 米
宽度	2.69 米
高度	2.5 米
重量	12.3 吨
最高速度	67.6 千米 / 时
相关简介	

研发历史

20 世纪 50 年代，食品机械化学公司与凯撒铝业公司联合研发出可以作为造车材料用的铝合金，让装甲车设计师找到了满足防御力及重量平衡的解决方案。根据美国陆军的需求，食品机械化学公司提出了两种初期概念设计，即 T113 和 T117，前者就是后来的 M113 装甲运兵车。1960 年，M113 开始进入美国陆军服役。1964 年 M113A1 定型生产后，又先后发展了 M113A2、M113A3 等改进型号。为了适应现代战争的需要，1978 年和 1984 年美国又对 M113 和 M113A1 进行了两次现代化改进。

实战性能

M113 装甲运兵车使用航空铝材制造，使车体重量较轻，并且具备不逊于钢材的防护力。该车采用全履带配置并有部分两栖能力，也有越野能力，在公路上可以高速行驶。M113 装甲运兵车只需要 2 名乘员（驾驶员和车长），后方可以运送 11 名步兵。该车的主要武器是 1 挺 12.7 毫米 M2 重机枪，由车长操作。除此之外，还可以加装 1 台 40 毫米 Mk 19 自动榴弹发射器、反坦克无后坐力炮甚至反坦克导弹。

趣味小知识

M113 装甲运兵车的衍生型较多，可以担任运输到火力支援等多种角色。

V-100 装甲车

V-100 装甲车是美国凯迪拉克·盖奇汽车公司于 20 世纪 60 年代研制的两栖四轮驱动轻型装甲车，1963 年开始服役。

V-100 装甲车尾部特写

V-100 装甲车轮胎特写

研发历史

V-100 系列装甲车是凯迪拉克·盖奇汽车公司下属的特拉太空公司于 20 世纪 60 年代初开发的。1962 年，特拉太空公司申请了被称为"突击队"(Commando)的车辆专利。第一辆原型车在 1963 年出现，翌年开始服役。V-100 装甲车在越南战争被美军广泛使用，并被美军昵称为“鸭子”。该车也提供给美国的许多盟国，包括黎巴嫩和沙特阿拉伯。

基本参数	
长度	5.69 米
宽度	2.26 米
高度	2.54 米
重量	9.8 吨
最高速度	88 千米 / 时
相关简介	

实战性能

V-100 装甲车的装甲采用高硬度合金钢，可以抵挡 7.62×51 毫米枪弹。该车的主要武器是 1 门 90 毫米 Mk 3 火炮，辅助武器为 1 挺 20 毫米榴弹枪和 1 挺 7.62 毫米机枪。V-100 装甲车也可以不装炮塔，作为迫击炮载台，也可以安装 5 挺机枪作为装甲运兵车或步兵战斗车。该车最多可搭载 12 名乘员，乘员可以利用自己的个人武器由各射击口向外射击。

趣味小知识

V-100 装甲车可以充当多种角色，包括装甲运兵车、救护车、反坦克车和迫击炮载体等。

AAV-7A1 两栖装甲车

AAV-7A1 是美军现役的两栖装甲车，原名 LVT-7。该车主要有 3 种衍生型，即 AAVP-7A1（人员运输车）、AAVC-7C1（指挥车）和 AAVR-7R1（救援车）。

AAVP-7A1 两栖装甲车前下装甲特写

AAVP-7A1 两栖装甲车载员舱内部特写

研发历史

基本参数	
长度	7.94 米
宽度	3.27 米
高度	3.26 米
重量	22.8 吨
最高速度	72 千米 / 时
相关简介	

LVT-7 开发案自 1964 年开始，由食品机械化学公司得标，在 1966 年正式开发，1969 年制造出测试用车。经过测试后于 1972 年开始进入美国海军陆战队服役，逐步替换当时使用中的 LVT-5 登陆车。LVT-7 仅有 1 座装有 M85 重机枪的炮塔，同时缺乏核生化防护设备，因此生产到 1974 年便停产。1982 年，食品机械化学公司与美国海军陆战队签订 LVT-7 服役寿命延长计划的合约，主要项目包括更换改良型的发动机、传动系统与武器系统，以及提升车辆的整体可靠性。在翻新时美军也更改了装备代号，从 1985 年起更名为 AAV-7A1。此后，该车又陆续经过了数次改进，预计将服役到 2030 年。

实战性能

AAVP-7A1 是最主要的车型，拥有运载 25 名全副武装陆战队员的能力。相较于 M2“布雷德利”步兵战车，AAV-7A1 系列装甲车的主要缺点在于贫弱的防护力。AAVP-7A1 的主要武器是 1 台 40 毫米 Mk 19 自动榴弹发射器，辅助武器是 1 挺 12.7 毫米 M2HB 重机枪。此外，还能安装 Mk 154 地雷清除套件，可以发射 3 条内含炸药的导爆索，以清除沙滩上可能埋藏的地雷或其他障碍物。

趣味小知识

AAV-7A1 是美国海军陆战队的主要两栖兵力运输工具，可由两栖登陆舰艇上运输登陆部队及其装备上岸。登陆上岸后，可作为装甲运兵车使用，为部队提供战场火力支援。

AIFV 步兵战车

AIFV（Armored Infantry Fighting Vehicle）步兵战车是由美国食品机械化学公司于 20 世纪 70 年代制造的履带式步兵战车，目前仍在荷兰、菲律宾和比利时等国服役。

研发历史

基本参数	
长度	5.29 米
宽度	2.82 米
高度	2.79 米
重量	11.4 吨
最高速度	61 千米 / 时
相关简介	

1967 年，食品机械化学公司根据与美国陆军签订的合同，制造了 2 辆 MICV 步兵战车，命名为 XM765 型。这 2 辆样车是以 M113 装甲运兵车为基础研制的，主要改进是在车体上开了射孔，安装了全密闭式炮塔。第一辆样车于 1970 年制成，全密闭式炮塔位于车体中央、驾驶员和动力舱位置的后面，紧靠其后为车长指挥塔。这样布置使车长前方视界太小。之后重新设计，使车长位于驾驶同的左后方，炮塔移到发动机的右后方，并正式将该车命名为 AIFV 步兵战车。

实战性能

AIFV 步兵战车的车体采用铝合金焊接结构，车体及炮塔都披挂有间隙钢装甲，用螺栓与主装甲连接。这种间隙装甲中充填有网状的聚氨酯泡沫塑料，重量较轻，并有利于提高车辆水上行驶时的浮力。为了避免意外事故，车内单兵武器在射击时都有支架。舱内还有废弹壳收集袋，以防止射击后抛出的弹壳伤害邻近的步兵。该车的主要武器为 1 门 25 毫米 KBA-B02 机炮，备弹 320 发。机炮左侧有 1 挺 7.62 毫米 FN 并列机枪，备弹 1840 发。此外，车体前部还有 6 台烟幕弹发射器。

趣味小知识

AIFV 步兵战车能用履带划水在水中行驶，入水前将车前折叠式防浪板升起。

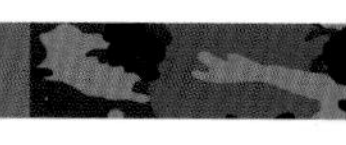

M2“布雷德利”步兵战车

M2“布雷德利”（M2 Bradley）步兵战车是美国于20世纪80年代研制的履带式步兵战车，可独立作战或协同坦克作战。

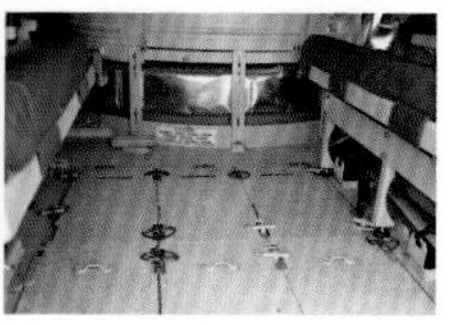

M2“布雷德利”步兵战车载员舱内部特写

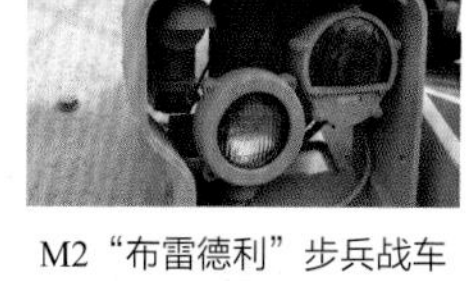

M2“布雷德利”步兵战车照明灯特写

研发历史

1972年4月，美国陆军认为当时现役的M113装甲运兵车已经不适合战斗中的要求，于是推出了新的步兵战车发展计划。该计划得到了克莱斯勒集团、食品机械化学公司（后被联合防卫公司并购）、太平洋汽车和铸造公司的积极响应，最终食品机械化学公司赢得了竞标。1975年夏季，食品机械化学公司生产出了XM-732步兵战车。XM-732步兵战车后来按照美国军方的意见进行修改，1980年被命名为M2“布雷德利”步兵战车，1981年正式量产，随后进入美国军队服役。

基本参数	
长度	6.55米
宽度	3.6米
高度	2.98米
重量	30.4吨
最高速度	66千米/时
相关简介	

实战性能

M2“布雷德利”步兵战车的车体为铝合金装甲焊接结构，其装甲可以抵抗14.5毫米枪弹和155毫米炮弹破片。该车的主要武器是1门M242“大毒蛇”25毫米机关炮，射速有单发、100发/分、200发/分、500发/分4种，可由射手选择。战车炮塔还装有1挺7.62毫米并列机枪，以及1具BGM-71“陶”式反坦克导弹发射架。除3名车组人员外，M2“布雷德利”步兵战车最多可以搭载7名乘员。

趣味小知识

M2“布雷德利”步兵战车的车首前上装甲、顶装甲和侧部倾斜装甲采用铝合金，车首前下装甲、炮塔前上部和顶部为钢装甲，车体后部和两侧垂直装甲为间隙装甲。

LAV-25 装甲车

LAV-25 装甲车是通用汽车公司为美国海军陆战队制造的轮式装甲车，1983 年开始服役。

LAV-25 装甲车轮胎特写

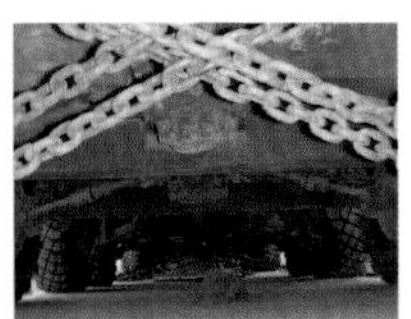

LAV-25 装甲车底部特写

研发历史

1980 年，美国为了满足新组建的快速部署部队的需要，决定发展一种轮式步兵战车，由美国陆军和海军陆战队共同负责实施，并提出了能满足双方要求的战术技术指标。1981 年有 7 家企业的 8 个方案投标，其中有 3 家的 4 辆车型参加了 1982 年的竞争性对比试验。1982 年 9 月，美军正式宣布加拿大通用汽车公司柴油机分部的方案中标，并将该公司提供的"皮兰哈"轮式装甲车（8×8）命名为 LAV-25 轮式装甲车。

基本参数	
长度	6.39 米
宽度	2.5 米
高度	2.69 米
重量	12.8 吨
最高速度	100 千米 / 时
相关简介	

实战性能

LAV-25 装甲车的车体和炮塔均采用装甲钢焊接结构，正面能抵御 7.62 毫米穿甲弹，其他部位能抵御 7.62 毫米杀伤弹和炮弹破片。该车采用德尔科公司的双人炮塔，装有 1 门 25 毫米链式炮。主炮有双向稳定，便于越野时行进间射击。辅助武器为 M240 并列机枪和 M60 机枪各 1 挺。炮塔两侧各有 4 台 M257 烟幕弹发射器。LAV-25 装甲车具有浮渡能力，水上行驶时靠 2 台喷水推进器推进，车首有防浪板。为便于自救，车上装有 1 台绞盘。

趣味小知识

为便于快速部署，美军要求 LAV-25 装甲车能用现有的军用运输机或直升机空运或空投。采用运输机时，C-5 运输机能运 8 辆，C-141 运输机能运 2 辆，C-130 运输机能运 1 辆，海军陆战队的 CH-53E 运输直升机也能运 1 辆。

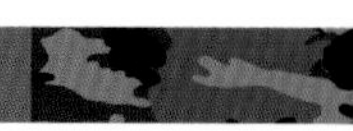

“悍马”装甲车

“悍马”装甲车是美国汽车公司（AMC）于 20 世纪 80 年代设计生产的装甲车，正式名称为高机动性多用途轮式车辆（High Mobility Multipurpose Wheeled Vehicle，HMMWV 或 Humvee）。

“悍马”装甲车进气格栅特写

“悍马”装甲车内部特写

基本参数	
长度	4.6 米
宽度	2.1 米
高度	1.8 米
重量	2.34 吨
最高速度	105 千米 / 时
相关简介	

研发历史

1979 年，美国汽车公司根据美国陆军在军事战略上的需求，开始研发美国陆军的专用车辆——高机动性多用途轮式车辆，以替代旧式车辆。1980 年 7 月，原型车 HMMWV XM966 在美国内华达州的沙漠地区内历经各类严苛的测试后，取得美国陆军极高的评价。1983 年 3 月 22 日，美国汽车公司与美国陆军装甲及武器指挥部签订高达 120 亿美元（制造数量为 55000 辆）的生产合约。1985 年 1 月 2 日起，首批“悍马”装甲车开始生产，并陆续交付美国陆军使用。此后，“悍马”装甲车的各种衍生型相继问世，逐渐形成一个大车族。

实战性能

“悍马”装甲车拥有 1 个可以乘坐 4 人的驾驶室和 1 个帆布包覆的后车厢。4 个座椅被放置在车舱中部隆起的传动系统的两边，这样的重力分配，可以保证其在崎岖光滑的路面上有良好的抓地力和稳定性。“悍马”装甲车是一种具备特殊用途武器平台的轻型战术车辆，它可以改装成包括反坦克导弹、防空导弹、榴弹发射器、重机枪等各类武器发射平台或装备平台，美国陆军大多数武器系统均可安装在“悍马”装甲车上。

趣味小知识

“悍马”装甲车使用通用 1 台电气 6.2 升 V8 自然吸气直喷柴油发动机，整个动力系统（包括传动和驱动系统）都是移植自雪弗兰皮卡。

M1117 装甲车

M1117 装甲车是美国达信海上和地面系统公司于 20 世纪 90 年代研制的四轮装甲车，1999 年美军购入本车作为宪兵用车，之后加强了装甲投入阿富汗和伊拉克战场，在火力密集区取代部分“悍马”装甲车的功能。

M1117 装甲车尾部特写

M1117 装甲车头部特写

研发历史

20 世纪 90 年代，美国达信海上和地面系统公司赢得了美国陆军宪兵的警备装甲载具（ASV）计划的竞标。在制造 4 辆 XM1117 型原型车通过测试作业之后，达信海上和地面系统公司获得了第一批价值 5000 万美元的采购合约。2000 年 4 月，第一辆 M1117 装甲车交付使用。2006 年 4 月，美国陆军订购的 M1117 装甲车全部交付完毕，总产量超过 1800 辆。除美国外，罗马尼亚、保加利亚、哥伦比亚、伊拉克、阿富汗等国家也有采用。

基本参数	
长度	6 米
宽度	2.6 米
高度	2.6 米
重量	13.47 吨
最高速度	63 千米 / 时
相关简介	

实战性能

M1117 装甲车使用四轮独立驱动系统，易于操作、驾驶稳定，特别适用于城市狭窄街道。该车采用了全焊接钢装甲车体，表面披挂了一层先进的陶瓷装甲。这种装甲系统被称为 IBD 模块化可延展性装甲系统，能够提供比普通装甲高得多的防护能力。M1117 装甲车装有小型单人炮塔，炮塔内有 1 台 40 毫米 Mk 19 榴弹发射器，辅助武器为 1 挺 12.7 毫米 M2HB 重机枪。炮长在单人炮塔内操纵武器进行射击，而不必探身车外，这样大大减少了乘员被击中的危险。此外，炮塔的两侧还各配置了 1 组向前发射的四联装烟幕榴弹发射器。

趣味小知识

M1117 装甲车的防护性能介于“悍马”装甲车与“斯特赖克”装甲车之间，其装甲可承受 12.7 毫米重机枪弹、12 磅地雷破片或 155 毫米炮弹空爆破片的杀伤。

“斯特赖克”装甲车

“斯特赖克”（Stryker）装甲车是由美国通用动力公司设计生产的轮式装甲车，设计理念源于瑞士“食人鱼”装甲车。

“斯特赖克”装甲车大灯特写

“斯特赖克”装甲车轮胎特写

基本参数	
长度	6.95 米
宽度	2.72 米
高度	2.64 米
重量	16.47 吨
最高速度	100 千米 / 时
相关简介	

研发历史

20 世纪 90 年代后期，为了适应冷战后的战争情况，美国陆军需要开发一种介于防护能力强、机动性稍差的 M2“布拉德利”步兵战车和机动性强、防护能力差的“悍马”之间的装甲车。2000 年 10 月，美国陆军决定对加拿大的 LAV-3 装甲车进行改进，以开发出一种新装甲车，其结果就是“斯特赖克”装甲车。这种装甲车投入实战后出现了一些问题，美国陆军又对其进行了一系列改进。“斯特赖克”车族的主要型号包括 M1126 装甲运兵车、M1127 侦察车、M1128 机动炮车、M1129 迫击炮车、M1130 指挥车、M1131 炮兵观测车、M1132 工兵车、M1133 野战急救车、M1134 反坦克导弹车和 M1135 核生化监测车等。

实战性能

“斯特赖克”装甲车为了适合空运，只装有轻装甲的 IBD 防弹钢板，不过到了战场上可以因战况加挂复合反应装甲，可在 300 米内防御 14.5 毫米以下子弹直击和 155 毫米以下炮弹的碎片。M1126 装甲运兵车是“斯特瑞克”装甲车族的基础型，有 2 名乘员（驾驶员和车长），能搭载 1 个全副武装的加强步兵班。该车的武器有 1 挺 12.7 毫米 M2 重机枪、1 台 40 毫米 Mk 19 自动榴弹发射器、1 挺 7.62 毫米 M240 通用机枪等。

趣味小知识

“斯特赖克”装甲车的最大特点与创新在于，几乎所有的衍生车型都可以用即时套件升级方式从基础型改装而来，改装可以在前线战场上完成。

L-ATV 装甲车

L-ATV 装甲车是美国奥什科什卡车公司研制的新型四轮装甲车，为美军“联合轻型战术车辆”（Joint Light Tactical Vehicle，JLTV）计划的胜出者，2019 年 1 月开始服役，逐步取代“悍马”装甲车。

L-ATV 装甲车驾驶席特写

L-ATV 装甲车前脸特写

研发历史

“联合轻型战术车辆”计划始于 2005 年，到 2012 年 3 月，英国宇航系统公司、通用动力公司、洛克希德·马丁公司、奥什科什卡车公司、美国汽车公司、纳威司达·萨拉托加公司等多家企业都提出了自己的 JLTV 方案。2012 年 8 月，美国陆军和海军陆战队选定洛克希德·马丁公司、奥什科什卡车公司和美国汽车公司的提案进入工程和制造发展阶段。在经过对比测试之后，美国陆军于 2015 年 8 月宣布由奥什科什卡车公司的 L-ATV 装甲车得标。美国陆军计划在 2040 年以前装备 5 万辆 L-ATV 装甲车，美国海军陆战队计划装备 5500 辆。

基本参数	
长度	6.25 米
宽度	2.5 米
高度	2.6 米
重量	6.4 吨
最高速度	110 千米 / 时
相关简介	

实战性能

L-ATV 装甲车基本分为 2 座车型和 4 座车型，与“悍马”装甲车相比，L-ATV 装甲车的配置更加先进。L-ATV 装甲车可装配更多的防护装甲，标准版车型拥有抗雷爆能力，配备了简易爆炸装置（IED）检测装置。L-ATV 装甲车不仅可抵御步枪子弹的直接射击，还能在地雷或简易爆炸装置的袭击下最大限度地降低乘员的伤亡。必要时，L-ATV 装甲车还能搭载主动防御系统。该车的车顶可以搭载各种小口径和中等口径的武器，包括重机枪、自动榴弹发射器、反坦克导弹等。此外，还可安装烟幕弹发射装置。

趣味小知识

L-ATV 装甲车采用 6.6 升 866T 型涡轮增压柴油发动机，最大功率为 224 千瓦。即使 L-ATV 装甲车的重量超过“悍马”装甲车，但同样能达到 110 千米 / 时的速度。

“水牛”防地雷反伏击车

“水牛”（Buffalo）防地雷反伏击车是美国研制的轮式反地雷反伏击车（Mine Resistant Ambush Protected，MRAP），主要在伊拉克和阿富汗战场上使用。

“水牛”防地雷反伏击车大灯特写

“水牛”防地雷反伏击车驾驶室外部特写

基本参数	
长度	8.2 米
宽度	2.6 米
高度	4 米
重量	25 吨
最高速度	105 千米 / 时
相关简介	

历史回顾

在伊拉克和阿富汗战场上，敌方武装人员使用的简单爆炸装置（Improvised Explosive Device，IED）让美军防不胜防。IED 和地雷给美军造成了极大的伤亡，也暴露出“悍马”装甲车不能为车内人员提供足够保护的问题。因此，美军急需一种具有较高防护能力的战车以应对战争局势。MRAP 项目不到一年就完成了概念研究，并向生产厂家订购了数千辆战车。2007 年，“水牛”防地雷反伏击车开始装备部队。此后，美军又陆续研制了其他 MRAP 车型。

主要结构

“水牛”防地雷反伏击车的设计参考了南非的“卡斯皮”地雷防护车，后者原为四轮设计，而“水牛”改为六轮，车头具有大型遥控工程臂以用于处理爆炸品。“水牛”采用 V 形车壳，若车底有地雷或 IED 爆炸时能将冲击波分散，有效保护车内人员免受严重伤害。在伊拉克及阿富汗服役的“水牛”更加装鸟笼式装甲以防护 RPG-7 火箭筒的攻击。

趣味小知识

早期“水牛”在美军装备序列中的名称是爆炸物处置车（EOD vehicle），属于二线装备，主要作为工兵部队的探雷 / 扫雷车使用。但是随着频繁出现的 IED 袭击，“水牛”走到了前台，美军开始将其直接配属到一线巡逻部队，随时参与 IED 的处置。

M728 战斗工程车

M728 战斗工程车（M728 Combat Engineer Vehicle）是美国底特律阿森纳坦克工厂（现通用动力公司地面系统分部）设计制造的履带式战斗工程车，从 1965 年服役至今。

A 形框架展开的 M728 战斗工程车

M728 战斗工程车推土铲特写

基本参数	
长度	8.83 米
宽度	3.66 米
高度	3.3 米
重量	48.3 吨
最高速度	48 千米 / 时
相关简介	

研发历史

M728 战斗工程车以 M60A1 主战坦克的底盘为基础，第一辆样车称为 T118E1，1963 年设计定型，1965 年开始批量生产并装备部队。在美国陆军中，M728 战斗工程车主要配备装甲师、机械化师和步兵师的工兵营，每个营配备 8 辆，而步兵师的工兵营配备 3 辆，每个独立工兵连配 2 辆。M728 战斗工程车于 1987 年停产，总产量为 291 辆。截至 2019 年 4 月，该车仍在服役，大部分装备美国陆军，少数服役于阿曼、葡萄牙、摩洛哥、沙特阿拉伯、新加坡等国家。

实战性能

M728 战斗工程车的用途是破坏敌野外防御工事和路障，填平间隙、弹坑和壕沟，设置火力阵地和路障。车体各部位的装甲厚度在 13 毫米至 120 毫米，车体前面有 A 形框架，不需要时向后平躺在车体后部，最大起吊重量为 15.8 吨。安装在炮塔后部的双速绞盘备有直径 19 毫米的钢绳 61 米，由车长操纵。安装在车前的推土铲由液压驱动。该车装备 1 门 M135 型 165 毫米破坏工事炮，炮塔可作 360 度旋转，转速为 1.6 度 / 秒。此外，还与主炮并列安装 1 挺 M240 型 7.62 毫米机枪，指挥塔上安装 1 挺 M85 型 12.7 毫米机枪。

趣味小知识

M728 战斗工程车的爬坡度为 60%，越墙高度为 0.76 米，越壕宽度为 2.51 米，无准备时的涉水深度为 1.22 米，有准备时的涉水深度为 2.44 米。

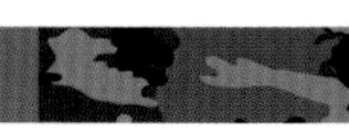

M9 装甲战斗推土机

M9 装甲战斗推土机（M9 Armored Combat Earthmover）是美国机动装备研究与发展中心研制的履带式工程车，1979 年正式服役。

M9 装甲战斗推土机照明灯特写

研发历史

M9 装甲战斗推土机是专门针对战斗工兵而设计，而不是由其他车种改装而成。该车于 1975 年 1 月生产出样车，1976 年 8 月完成试验鉴定工作，1977 年 2 月批准定型。1979 年财政年度曾要求生产 75 辆，但因经费问题，只能生产 29 辆。1982 年 11 月拨款 2900 万美元，预定 15 辆，其中 1930 万美元用于车辆生产，其余经费用于产品改进。1985 年，美国陆军最后计划订购 1400 辆，优先装备新建的第 86 师战斗工兵部队。此后，美国海军陆战队也有订购。截至 2017 年 7 月，M9 装甲战斗推土机仍在服役。

M9 装甲战斗推土机履带特写

基本参数	
长度	6.25 米
宽度	3.2 米
高度	2.7 米
重量	24.4 吨
最高速度	48 千米 / 时
相关简介	

实战性能

M9 装甲战斗推土机的车体全部用铝合金焊接，重要部位装有钢合金及“凯夫拉”防弹纤维。车辆前部安装有刮土斗、液压操纵的挡板和机械式退料器。推土铲刀装在挡板上，推土和刮土作业是通过液气悬挂装置使车辆的头部抬起或降落实现的，该悬挂装置还能使车辆倾斜到用铲刀的一角进行作业，推土作业能力几乎是一般斗式刮土机的 2 倍。该车铲斗的最大翻转角为 50 度，一次土方量为 4.58 ~ 5.35 立方米。铲斗的提升高度能使该车直接将货物卸到 5 吨卡车上。铲斗后背与推土铲刀之间的夹紧力为 27 千牛，能使该车同时拔起 3 根树桩和类似的物体。

趣味小知识

M9 装甲战斗推土机的爬坡能力为 31%（纵坡）和 19%（横坡），越壕宽度为 1.57 米，能克服 0.45 米高的垂直障碍，涉水深度为 1.83 米，水上前进速度为 4.8 千米 / 时。

LARC-V 两栖运输车

LARC-V 两栖运输车是美国于 20 世纪 50 年代后期研制的一款轮式两栖运输车。

LARC-V 两栖运输车头部特写

LARC-V 两栖运输车轮胎特写

研发历史

LARC-V（Lighter, Amphibious Resupply, Cargo, 5 ton）意为“轻型、两栖、再供给、载货、5 吨”，其研制工作始于 1958 年。该车被多个国家多支军队采用，包括美国海军、阿根廷陆军、阿根廷海军陆战队、澳大利亚陆军、菲律宾海军陆战队、葡萄牙海军陆战队等。

基本参数	
长度	10.67 米
宽度	3.05 米
高度	3.1 米
重量	8.6 吨
最高速度	48 千米 / 时
相关简介	

性能解析

LARC-V 两栖运输车的车底后方有 1 个三叶螺旋桨推进装置，车体与甲板齐平的外围有坚固的保护橡胶，甲板呈台阶状。该车的设计要求是能够从舰船到海岸间运载 4545 千克的货物或 15 ～ 20 名全副武装的士兵，如果需要，甚至可以驶入陆地纵深。

趣味小知识

阿根廷海军陆战队曾在英阿马岛战争中使用 LARC-V 两栖运输车。

重型增程机动战术卡车

重型增程机动战术卡车（Heavy Expanded Mobility Tactical Truck，HEMTT）是美国奥什科什卡车公司设计并制造的八轮越野卡车系列，昵称为“龙卡车”（Dragon Wagon）。

M1120 装载系统头部特写

M985 货车尾部特写

研发历史

重型增程机动战术卡车的研制计划始于 20 世纪 80 年代初，1981 年设计定型，1982 年开始批量生产并进入美国陆军服役，用以替换老旧的 M520 卡车。重型增程机动战术卡车的型号较多，基型车为 M977 货车，其他车型还有 M978 油罐车、M983 牵引车、M984 救援车、M985 货车、M1120 装载系统、M1977 通用桥梁运输车等。此外，另有一些 10×10 版本用于“托盘式装载系统”（Palletized Load System，PLS）计划。美国海军陆战队使用的型号被称为“物流载具系统”（Logistic Vehicle System Replacement，LVS）。

基本参数	
长度	10.39 米
宽度	2.44 米
高度	3.02 米
重量	19.3 吨
最高速度	100 千米 / 时
相关简介	

实战性能

重型增程机动战术卡车的车架采用合金钢制造，双门两座驾驶室采用极其耐用的钢焊接结构，并采用耐腐蚀蒙皮。M977 货车和 M985 货车均配有液压吊臂，有效载荷为 9.1 吨；M978 油罐车可运输 9460 升油料，并具有直升机加油能力；M983 牵引车可作为“爱国者”导弹等火力平台，或搭载大型雷达等展开型装备；M984 救援车有战车维修能力和拖拉能力；M1977 通用桥梁运输车使用桥梁接头托盘可以装载、铺设和撤收带式舟桥，当装备有绞盘后，能用于控制铺设桥梁。重型增程机动战术卡车各种型号都可以使用 C-130 以上载运能力的运输机空运，大大增强了战略机动能力。

趣味小知识

重型增程机动战术卡车充分利用经过验证的民用车部件，如驾驶室、发动机和变速箱等，车辆易于保养，各车型之间的主要零部件可以互换。

M1070 重型装备运输卡车

M1070 重型装备运输卡车是美国奥什科什卡车公司设计并制造的重型装备运输卡车，1992 年开始服役。

研发历史

20 世纪 90 年代初，美国陆军为了完成 M1“艾布拉姆斯”主战坦克的运输任务，向奥什科什卡车公司订购了 M1070 重型装备运输卡车。该车于 1992 年开始批量生产，先后有 M1070A0、M1070A1、M1070F、M1070 HET 等型号问世。M1070 重型装备运输卡车的出现也取代了此前奥什科什卡车公司设计的 M911 重型牵引车和 M747 半挂车的组合。截至 2019 年 4 月，M1070 重型装备运输卡车仍然在美国陆军服役，并出口到英国、埃及、以色列、摩洛哥、沙特阿拉伯、阿联酋和约旦等国家。

基本参数	
长度	9.68 米
宽度	2.59 米
高度	3.71 米
重量	108.5 吨
最高速度	81 千米 / 时
相关简介	

实战性能

M1070 重型装备运输卡车是由 8 轮驱动的 M1070 牵引车和 M1000 半挂车组合而成。M1070 牵引车具备较强的越野性能，适应战场上恶劣的地形环境。M1070 重型装备运输卡车的主要使命是运输 M1“艾布拉姆斯”主战坦克，此外还能够运输装甲车、自行榴弹炮等重型车辆设备。该车配备了 1 个负荷能力达 25 吨的绞车作为装卸辅助设备。M1070A0 的有效载荷为 70 吨，M1070A1 和 M1070F 的有效载荷为 75 吨，而 M1070 HET 的有效载荷为 65 吨。

趣味小知识

为了适应多种地形环境，M1070 重型装备运输卡车选用了越野型轮胎，轮胎带有中央充放气系统，可实时调节轮胎充气量应对不同的地形条件。

Chapter 05 重型火炮和导弹

火炮是战场上火力的骨干，具有火力强、灵活可靠、经济性和通用性好等优点。导弹是现代高科技的结晶和化身，具有不同于一般进攻性武器的突出特点。美国各个军种都装备了大量火炮与导弹。

M120 迫击炮

M120 迫击炮（M120 mortar）是以色列索尔塔姆系统公司研制的一款 120 毫米重型迫击炮，公司编号为 K6，M120 为美国陆军编号。

研发历史

1991 年，索尔塔姆系统公司研制的 120 毫米 K6 重型迫击炮被美国陆军采用，编号为 M120，车载型编号为 M121。牵引式 M120 最初于 1991 年 9 月部署到了华盛顿的路易斯堡，随后部署了以 M1064 装甲人员输送车搭载的 M121。之后，M121 又出现了以 M1129 装甲人员输送车搭载的型号。美国陆军一共装备了 1076 门 M120 和 M121 迫击炮。

基本参数	
重量	144 千克
炮管长	1.73 米
方向射界	360 度
最大射速	16 发 / 分
有效射程	7240 米
相关简介	

实战性能

M120/M121 迫击炮采用模块化设计，主要由以下部件构成：M298 型炮管（50 千克）、M191 型双脚架（32 千克）、M9 型底座（62 千克）。M120/M121 迫击炮是一种传统的前装式滑膛迫击炮，可以发射 M30 迫击炮弹、M333 高爆榴弹、M329 烟幕弹等多种弹药。与美国陆军此前装备的 107 毫米重型迫击炮系统相比，M120/M121 迫击炮的射程更远，杀伤力更大，安全性更高。

趣味小知识

M120 迫击炮可为机动部队指挥官提供基本的间瞄火力支援能力，能够发射美国生产的各种增强型弹药。

M224 迫击炮

M224 迫击炮（M224 mortar）是美国于 20 世纪 70 年代研制的一款 60 毫米前装式迫击炮，主要用于为地面部队提供近距离的炮火支援。

研发历史

M224 迫击炮于 1971 年开始研制，设计目标是替换老旧的 M2、M19 等迫击炮。1972 年 4 月完成工程试验，1977 年 7 月定型并命名为 M224 迫击炮，1978 年开始批量生产并装备部队。为了提高使用灵活性，美军还设计了 M224 迫击炮的单兵手提型。M224 迫击炮结构简单、性能可靠，是美国海军陆战队和美国陆军主要的小口径迫击炮之一。

基本参数	
重量	21.1 千克
炮管长	1 米
方向射界	360 度
最大射速	30 发 / 分
有效射程	3490 米
相关简介	

实战性能

M224 迫击炮由炮身、炮架、座板、瞄具 4 部分组成，炮身由高强度合金钢制造，外刻螺纹状散热圈，并配备激光测距仪和迫击炮计算器。该炮机动灵活，重量轻，可分解成两部分，由人员携带，特别适合山地作战。M224 迫击炮还自备照明装置，可用于夜间作战。该炮可以使用的炮弹型号较多，包括 M888 高爆榴弹、M720 高爆榴弹、M720A1 高爆榴弹、M722 烟幕弹、M50A2/A3 训练弹、M769 全射程练习弹等。

趣味小知识

整个 M224 系统可以分解为 M225 型炮身、M170 型炮架、M7 型座板，以及 M64A1 型光学瞄准系统。

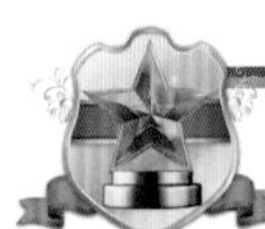

M252 迫击炮

M252 迫击炮（M252 mortar）是在英国 L16 迫击炮基础上改进而成的一款 81 毫米迫击炮，20 世纪 80 年代后期装备美国陆军和海军陆战队。

M252 迫击炮瞄准具特写

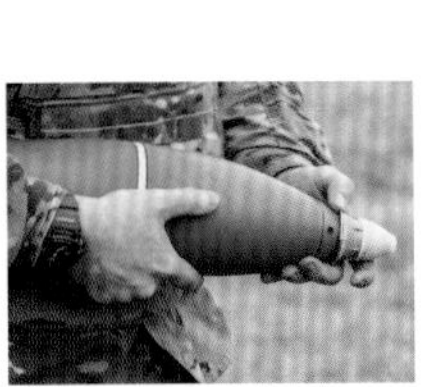

M252 迫击炮榴弹特写

基本参数	
重量	41.3 千克
炮管长	1.27 米
方向射界	5.6 度
最大射速	30 发 / 分
有效射程	5935 米
相关简介	

研发历史

M252 迫击炮于 1983 年完成研制工作，1987 年装备美军，用以取代 107 毫米 M30 重型迫击炮。在海湾战争、阿富汗战争和伊拉克战争中，美军都曾大量使用这种迫击炮。美国海军陆战队还将其载于 LAV-M 装甲运输车上改作自行火炮，装备各个轻坦克营（每营配属 8 门）。

实战性能

M252 迫击炮由炮身、座板和炮架 3 大部件组成，它在英国 L16 迫击炮上加装了炮口超压衰减装置。炮身采用高强度合金钢整体锻造，特种钢制 K 形支架，炮身后半部有螺纹状散热片，前半部光滑。M252 迫击炮可发射榴弹、发烟弹和照明弹等，发射 L15A3 榴弹时的初速为 250 米 / 秒，最小射程为 180 米，最大射程超过 5000 米，最大射速 30 发 / 分，持续射速 15 发 / 分。M252 迫击炮的高低射界为 -45° ~ +85°，方向射界为左右各 5.6 度。

趣味小知识

M252 迫击炮在行军时可分解为三个部分，以人力驮载。

M119 牵引榴弹炮

M119 榴弹炮（M119 howitzer）是美国在引进英国的一款 105 毫米 L119 轻型榴弹炮的基础上改进而成的 105 毫米牵引榴弹炮，用于替换老旧的 M102 牵引榴弹炮。

M119 牵引榴弹炮大架特写

双室炮口制退器特写

研发历史

英国的 105 毫米 L119 轻型榴弹炮于 1966 年开始研制，由英国皇家武器研究所、诺丁汉皇家军械厂负责设计和制造，1974 年装备英国陆军部队。1985 年，美国陆军决定采用，并进行改装。1985 年 12 月，改进后的榴弹炮定型，1990 年 12 月开始装备美军轻型步兵师、空降师、空中突击师和海军陆战队。

基本参数	
长度	8.8 米
高度	2.21 米
重量	2.13 吨
最大射速	3 发 / 分
有效射程	13.7 千米
相关简介	

实战性能

M119 牵引榴弹炮的单筒自紧身管用高强度钢制成，高效率的双室炮口制退器可拆卸，便于擦拭身管。电磁式击发装置装在摇架上，不受气候影响，防水，可靠性好。液体气压式反后坐装置装在摇架上，包括复进机、制退机。上架用轻合金制成，安装有高低机，可使火炮作左右各 5 度的方向转动。大架为马蹄形空心管状结构，用高强度耐蚀冷拉型钢制成。开闩炮手和装填手可在大架之间操作，以确保火炮在各种射角时具有高射速。该炮可发射榴弹、发烟弹、照明弹、碎甲弹、火箭增程弹等，炮班为 6 人。

趣味小知识

M119 牵引榴弹炮主要适用于快速部署部队、空降师和空中突击师的直接支援，在两栖作战中用于对登陆部队实施火力支援。

M198 牵引榴弹炮

M198 榴弹炮（M198 howitzer）是美国于 20 世纪 60 年代研制的一款 155 毫米牵引榴弹炮，主要用户为美国海军陆战队和美国陆军。

M198 榴弹炮后膛特写

M198 榴弹炮轮胎特写

研发历史

基本参数	
长度	11 米
高度	2.9 米
重量	7.154 吨
最大射速	4 发 / 分
有效射程	30 千米
相关简介	

20 世纪 60 年代，为了取代当时已服役 20 多年的 M114 榴弹炮，美军提出发展可用 CH-47 直升机吊运、具有战略机动性的新型 155 毫米榴弹炮，并要求其发射火箭增程弹的射程应能达到 30 千米。新型榴弹炮于 1968 年 9 月开始研制，1969 年制造出 1 门样炮，称 XM198 式。1970 年 4 月进行样炮的系统鉴定，同年 10 月完成设计工作。1972 年 4 ~ 5 月交付了 10 门样炮，1972 年 10 月至 1975 年年初进行可靠性试验。1975 年 2 月到 1976 年 10 月制造出 4 ~ 9 号改进型样炮，进行第二阶段研制与使用试验。1976 年 12 月正式定型为 M198 榴弹炮。

实战性能

M198 榴弹炮采用传统结构，由 M199 式炮身、M45 式反后坐装置、瞄准装置和 M39 式炮架四大部分组成。由于大量采用轻金属，上架、箱形大架和座盘都用铝合金制造，使全炮重量减轻。行军时，炮身需向后回转 180 度，固定在大架上，以缩短行军长度。M198 榴弹炮具有较强的可靠性，可发射多种炮弹，包括 M107 榴弹、M795 榴弹、M549A1 火箭增程弹、M449 杀伤子母弹、M712 激光制导炮弹、M454 核炮弹、M825 黄磷发烟弹、M485 照明弹、M631 催泪弹和 M110 芥子化学弹等。

趣味小知识

M198 榴弹炮的炮尾装有 1 个用 3 种颜色表示炮管受热情况的警报器，炮手可根据颜色情况调节发射速度，避免炮管过热。

M777 牵引榴弹炮

M777 榴弹炮（M777 howitzer）是英国于 21 世纪初研制的一款 155 毫米牵引榴弹炮，美国陆军和海军陆战队都有装备。

M777 榴弹炮瞄准具特写

M777 榴弹炮后膛特写

基本参数	
长度	10.7 米
高度	2.26 米
重量	3.42 吨
最大射速	5 发 / 分
有效射程	40 千米
相关简介	

研发历史

M777 榴弹炮是由英国宇航系统公司的全球战斗系统部门制造，主要生产线位于英国巴罗因弗内斯，负责钛合金结构与制退组件的制造与组装，最终组装与测试工作则由英国宇航系统公司在美国密西西比州哈提斯堡的工厂负责。最早测试 M777 榴弹炮的部队是位于北卡罗来纳州布拉格据点的美国陆军第 18 野战空降炮兵旅。2005 年 5 月，美国海军陆战队正式列装 M777 榴弹炮。

实战性能

M777 榴弹炮是世界上第一种在设计中大规模采用钛和铝合金材料的火炮系统，其重量是常规 155 毫米火炮重量的一半。相较于 M198 榴弹炮，M777 榴弹炮轻巧的外形更容易利用飞机或卡车搬运，迅速进出战场。所有 2.5 吨级的卡车都能轻易牵引 M777 榴弹炮，危急时刻甚至连“悍马”越野车也能拉上 M777 榴弹炮快速转移。C-130 运输机可载运的 M777 榴弹炮也比 M198 榴弹炮多，节省了运输成本与转移时间。M777 榴弹炮操作简单，反应迅速，小巧的尺寸更有利于平时的收存与搬运。虽然 M777 炮兵编制是 9 人，但只要 5 人就可以在 2 分钟内完成射击准备。

趣味小知识

M777 榴弹炮可为在城区、丛林以及山地作战的步兵提供火力支援，可以全天候使用，在阿富汗和伊拉克实战使用证明了这种榴弹炮的有效性。

M107 自行加农炮

M107 自行加农炮是美国于 20 世纪 60 年代研制的一款 175 毫米履带式自行加农炮，目前已从美国陆军退役。

M107 自行加农炮尾部驻锄特写

M107 自行加农炮履带特写

研发历史

M107 自行加农炮在 1962 年推出，由美国富美实公司（FMC Corporation）生产。M107 自行加农炮与 M110 自行榴弹炮为同时期研制，由于当时美军的共通需求，因此两者采用了同一个系列的底盘。美军装备的 M107 自行加农炮在 20 世纪 70 年代后期退役，随后这些车体大多被改装为 M110 自行榴弹炮。除美国外，以色列、德国、西班牙、韩国、希腊、荷兰、伊朗、意大利、英国、土耳其及其他部分北约国家等也有采用。

基本参数	
长度	6.46 米
宽度	3.15 米
高度	3.47 米
最大射速	28.3 吨
有效射程	80 千米 / 时
相关简介	

实战性能

M107 自行加农炮采用敞开式炮塔，与 M109 自行榴弹炮紧凑的装甲炮塔相比，炮手的活动更加自如，其 175 毫米加农炮在射速和射程上能够压制装配 120 毫米火炮的主战坦克。不过，M107 自行加农炮的开放式车体设计虽然能够降低重量，但令防护力大幅减弱，较长的炮管也会影响车体平衡。为了尽快使火炮投入战斗，车组乘员必须技术熟练，配合默契。驾驶员、炮长、车长间必须通过交流，实现粗调车体方向的同时完成火炮的瞄准和射击参数的设定。

趣味小知识

在阿以战争中，以色列频繁使用 M107 自行加农炮，发射以色列制造的全装药炮弹时，可以精确轰击 50 千米内的目标。

M109 自行榴弹炮

M109 自行榴弹炮是美国于 20 世纪 60 年代研制的一款 155 毫米自行榴弹炮，提供师级和旅级部队所需的非直射火力支援。

M109 自行榴弹炮顶部舱门特写

M109 自行榴弹炮的主炮后膛特写

研发历史

M109 自行榴弹炮的研发计划始于 1954 年，最初编号为 T196。1959 年，T196 第一辆原型车出厂，后因美国陆军于 1959 年决定未来所有装甲战斗车辆的发动机全部改用柴油发动机，T196 也进行必要的动力系统重新设计与更换，换装柴油发动机的 T196 改称 T196E1。1961 年 10 月，凯迪拉克汽车公司获得美国陆军授予的合约，于克利夫兰陆军坦克厂进行 T196E1 的量产工作。1963 年 7 月，T196E1 初期测评及操作测评结束，美国陆军正式给予 M109 制式编号，并正式进入美国陆军服役。同年，M109 量产合约改授予克莱斯勒汽车公司。

基本参数	
长度	9.1 米
宽度	3.15 米
高度	3.25 米
重量	27.5 吨
有效射程	56 千米
相关简介	

实战性能

M109 自行榴弹炮最初采用 1 门 M126 型 155 毫米 23 倍径榴弹炮，之后的改进型陆续换装了 M126A1 型 155 毫米 23 倍径榴弹炮、M185 型 155 毫米 33 倍径榴弹炮、M284 型 155 毫米 39 倍径榴弹炮。辅助武器为 1 挺 12.7 毫米 M2 机枪，并可加装 40 毫米 Mk 19 Mod 3 榴弹发射器、7.62 毫米 M60 机枪或 7.62 毫米 M240 机枪。M109 系列自行榴弹炮中性能最优异的是 M109A6 型，其炮塔内部加装"凯夫拉"防弹内衬，可以有效地保护乘员。此外，还增设了半自动弹药装填系统，可维持较高的持续射速。

趣味小知识

M109 自行榴弹炮具备两栖浮渡能力，在未经准备的状况下，可以直接涉渡 1.8 米深的河流。如果加装呼吸管等辅助装备，则能够以 6 千米 / 时的速度进行两栖登陆作业。

M110 自行榴弹炮

M110 自行榴弹炮是美国研制的一款 203 毫米履带式自行榴弹炮，也是二战后美国制造的自行火炮中装载火炮口径最大的一款。

M110 自行榴弹炮履带特写

M110 自行榴弹炮驻锄特写

研发历史

1956 年 1 月，美国太平洋汽车与铸造公司提交了 1 份新型重型自行榴弹炮的设计方案，并承接了设计、试制和生产任务。1958 年，公司开始了样车的底盘试验。1959 年，公司决定将动力装置由汽油机改为柴油机。1961 年 3 月，美国军方正式将其定型为 M110 自行榴弹炮。1962 年，第一批 M110 自行榴弹炮出厂。改进型号有 M110A1 和 M110A2，前者于 1977 年列装，后者于 1980 年服役。

基本参数	
长度	10.8 米
宽度	3.1 米
高度	3.1 米
重量	28.3 吨
有效射程	54.7 千米 / 时
相关简介	

实战性能

M110 自行榴弹炮采用专门设计的底盘，由于它没有炮塔，整车由火炮及底盘两大部分组成，车体为铝合金装甲全焊接结构。其优点是结构简单，便于减轻全车重量，不过也存在战斗部分没有装甲防护的巨大缺陷。M110 自行榴弹炮的主要武器为 1 门 203 毫米 M2A2 型榴弹炮，最大发射速度为 1.5 发 / 分，持续发射速度为 0.5 发 / 分。弹药基数为 60 发榴弹和 12 发核炮弹。

趣味小知识

M110 自行榴弹炮服役时，在美军中是以连级规模编制在师级单位下，或是采用独立营的编组隶属炮兵指挥部，作为核打击的主力。

M142 自行火箭炮

M142 自行火箭炮是美国于 21 世纪初研制的轮式六管自行火箭炮，正式名称为“M142 高机动性多管火箭系统”（M142 High Mobility Artillery Rocket System，M142 HIMARS），通常音译为“海马斯”。

M142 自行火箭炮发射装置特写

M142 自行火箭炮车头特写

研发历史

M142 自行火箭炮于 2002 年结束工程研制，有 3 门样炮编入第 18 空降军属炮兵旅，并在伊拉克战争中试用。2003 年 4 月，洛克希德・马丁公司得到 1 份小批量试生产合同。2004 年 11 月，M142 自行火箭炮成功完成了大量作战试验，发射了所有类型的火箭弹并在作战环境中发射了大量训练火箭弹。2005 年 1 月，洛克希德・马丁公司赢得了一份价值 1 亿美元的合同，继续进行 M142 自行火箭炮第三阶段低速试生产工作。

基本参数	
长度	7 米
宽度	2.4 米
高度	3.2 米
重量	10.9 吨
最高速度	85 千米
相关简介	

实战性能

M142 自行火箭炮具有机动性能高、火力性能强、通用性能好等特点，它能为部队提供 24 小时全天候的支援火力，不仅可以发射普通火箭弹，也可以发射制导火箭弹和“陆军战术导弹”，具备打击 300 千米以外目标的能力。M142 自行火箭炮在设计上具有很强的通用性，发射弹药通用性强，可携带 6 枚火箭弹或 1 枚“陆军战术导弹”，能够发射目前和未来多管火箭炮系统的所有火箭和导弹。

趣味小知识

M142 自行火箭炮可用 C-130 运输机空运，从而迅速部署到履带式火箭炮系统所无法到达的战区，并且在运输机着陆后的 15 分钟内即可完成作战准备。

M270 自行火箭炮

M270 自行火箭炮是美国于 20 世纪 70 年代研制的设有装甲的自行多管火箭炮，正式名称为“M270 多管火箭系统”（M270 Multiple Launch Rocket System，M270 MLRS）。

M270 自行火箭炮尾部特写

M270 自行火箭炮驾驶室车门特写

基本参数	
长度	6.85 米
宽度	2.97 米
高度	2.59 米
重量	24.95 吨
最大速度	64.3 千米 / 时
相关简介	

研发历史

M270 火箭炮由美国沃特公司设计和生产，20 世纪 70 年代开始研制，1983 年装备美军。1983 年 5 月，法国、德国、英国、意大利与美国达成协议，五国将共同生产 M270 火箭炮，作为北约的制式武器，称为“多管火箭发射系统”（Multiple Launch Rocket System，MLRS）。除了上述国家，该火箭炮现在已经装备了日本、韩国、泰国、新西兰、澳大利亚、荷兰、希腊、沙特阿拉伯、土耳其和以色列等国家，总定购量超过 1300 门。

实战性能

M270 自行火箭炮的发射箱可以携带 12 枚火箭或 2 枚 MGM-140 陆军战术导弹系统（ATACMS），前者携带有导引或无导引的弹头，射程可达 42 千米，ATACMS 的射程则达到 300 千米，而导弹的飞行高度可达到 50 千米。M270 自行火箭炮能够在 40 秒内全数射出 12 枚火箭或 2 枚 ATACMS 导弹，而这 12 枚火箭能够完全轰击 1 平方千米的范围，效果雷同集束炸弹。M270 自行火箭炮可以在发射火箭之后，迅速转移阵地，以避免受到炮火反击。

趣味小知识

美军内部有时会戏称 M270 自行火箭炮为“指挥官的私人猎枪”，也有士兵称之为“吉普赛货车”，因为火箭炮缺少储物空间，导致士兵常常将杂物放在车顶。

“复仇者”防空导弹

“复仇者”（Avenger）防空导弹系统是美国波音公司和美国陆军联合研制的一款近程低空防空系统，1989 年开始服役。

“复仇者”防空导弹发射装置特写

“复仇者”防空导弹系统车尾特写

研发历史

“复仇者”防空导弹系统于 1983 年 5 月开始研制，1987 年开始生产，1989 年开始装备美国陆军，20 世纪 90 年代初开始装备美国海军陆战队。在海湾战争中，美国陆军将 38 套“复仇者”防空导弹系统部署在沙特阿拉伯，其中第 1 骑兵师装备了 32 套，第 3 装甲骑兵师装备了 6 套。在沙漠环境中，该系统表现了良好的耐高温、抗风沙性能。

基本参数	
长度	4.95 米
高度	2.64 米
重量	3.9 吨
最高速度	89 千米 / 时
最大行程	443 千米
相关简介	

实战性能

“复仇者”系统主要以“悍马”装甲车为武器系统机动平台，但也能在一个独立的配置中操作或在多种军用车辆上安装。它是美军第一种能在行进间发射的防空导弹系统，其发射装置除搭载于“悍马”车上外，也可搭载于 M113 装甲车和其他轮式 / 履带式车辆上。该系统抗红外干扰能力强，并具有全方位攻击能力，不但可尾追攻击，还可迎击攻击。“复仇者”系统的发射装置可以发射多种型号的“毒刺”导弹，也可使用其他导弹系统，如法国“西北风”防空导弹等。

趣味小知识

“复仇者”系统因体积小，运输非常方便，C-130 运输机一次可运载 3 套“复仇者”系统或 5 具发射装置。

“萨德”反导导弹

“萨德”反导导弹是美国洛克希德·马丁公司研制的一款导弹拦截用导弹，正式名称为战区高空防御导弹（Terminal High Altitude Area Defense，THAAD）。

“萨德”发射架特写

“萨德”发射车前脸特写

研发历史

海湾战争后，美军在加强“爱国者”导弹的同时，还决心发展一种新的专用拦截用导弹，防御覆盖面更广大，命中率更高。并能够拦截平流层上的导弹，于是洛克希德·马丁公司展开了 THAAD 计划。该计划于 1987 年正式开始实施，2008 年开始批量生产。

基本参数	
长度	6.17 米
直径	0.34 米
重量	900 千克
飞行高度	150 千米
有效射程	200 千米
相关简介	

实战性能

“萨德”导弹以发射车一组 10 枚方式部署，拥有比海基“标准”III 型导弹更强大的拦截能力，强化了美国国家导弹防御系统。该导弹采用推力偏向弹头以 2500 米 / 秒的速度飞向目标予以击毁，并有红外线追热装置修正最后航向。搜索发射系统是车载的 AN/TPY-2 雷达组，可以侦测立体 1000 千米范围内的来袭导弹。与目前采用破片战斗部的系统相比，“萨德”的对撞毁伤制导方法提供了更高的毁伤性。整个“萨德”系统可用 C-141、C-5 和 C-17 等飞机来运输。

趣味小知识

“萨德”导弹系统包括：导弹；发射架；作战管理 / 指挥、控制、通信、计算机与情报（BM/C4I）系统部分；雷达和支援装备。

AIM-7“麻雀”空对空导弹

AIM-7“麻雀”（AIM-7 Sparrow）导弹是美国研制的中程空对空导弹，从20世纪50年代到90年代，“麻雀”导弹及其后来的各种改进型号长期作为美国及其盟国的主要超视距空战兵器并在战争中广泛使用。

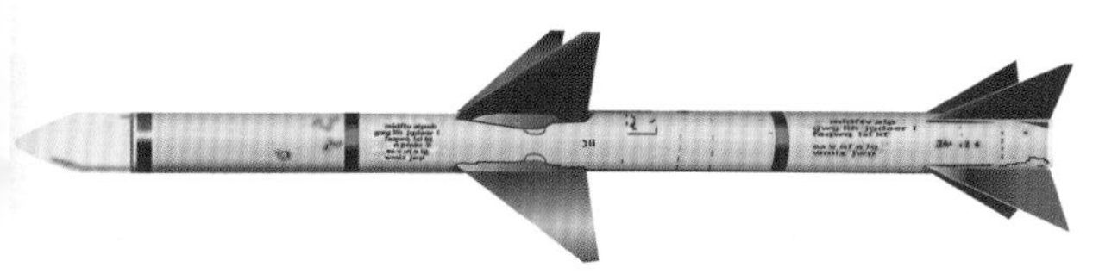

AIM-7导弹尾部弹翼特写

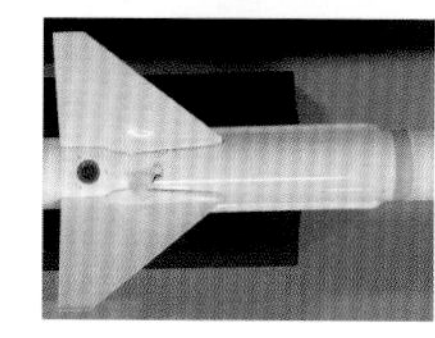

AIM-7导弹中部弹翼特写

研发历史

“麻雀”导弹的研制工作始于20世纪40年代后期，当时美国海军计划发展一种可被导引的空对空火箭。美国海军在1947年委托斯佩里公司研制一种直径127毫米的标准空用火箭（HVAR），这个武器被划分为“热点计划”（Project Hotshot）的一部分。最初使用KAS-1的编号，之后更改为AAM-2，最后在1948年改为AAM-N-2。由于HVAR直径仅127毫米的弹体无法容纳所需电子设备，所以弹体直径被增至200毫米。1952年，“麻雀”导弹原型首次成功拦截目标。经过长时间的研制后，编号AAM-N-2的“麻雀”导弹于1956年开始服役。1962年，“麻雀”导弹依据三军统一命名法重新编号为AIM-7。

基本参数	
长度	3.7米
直径	0.2米
重量	0.23吨
最高速度	4马赫
有效射程	70千米
相关简介	

实战性能

作为第二代空对空导弹的代表，“麻雀”导弹奠定了现代中程空对空导弹的基本设计布局：高弹径比使得弹体显得细长，减小了飞行阻力，使导弹无须采用大推力发动机就能获得较高速度和较远航程；选择雷达半主动制导技术使导弹在可靠性和命中精度之间获得了较好平衡。与其他半主动雷达制导的导弹相同，“麻雀”导弹自身不发射雷达波，而是借由发射平台的雷达波在目标上反射的连续波讯号导向目标。

趣味小知识

RIM-7“海麻雀”导弹是以AIM-7导弹为基础发展的舰载近距离防空导弹，MIM-7导弹则是AIM-7导弹的陆上版。

AIM-9“响尾蛇”空对空导弹

AIM-9“响尾蛇”（AIM-9 Sidewinder）导弹是美国研制的一款短程空对空导弹，1956年开始服役，改进型号众多，使用单位遍及美国各大军种，外销数量与使用国家众多。

基本参数	
长度	3.02 米
直径	0.127 米
重量	0.0853 吨
最高速度	2.5 马赫
有效射程	35.4 千米
相关简介	

研发历史

“响尾蛇”导弹是由美国海军空用武器中心研制，原型 XAAM-N-7 于 1953 年 9 月试射成功，后来更改编号为 GAR-8，最后又改为 AIM-9。美国海军第一个接收“响尾蛇”导弹的单位是部署在大西洋舰队“伦道夫”号航空母舰上的 VA-46 中队。这个中队于 1956 年 7 月正式在他们的 F9F“黑豹”战斗机上使用“响尾蛇”导弹。同年 8 月，太平洋舰队“好人理查德”号航空母舰上的 VF-211 中队也接收了第一批“响尾蛇”导弹。

实战性能

“响尾蛇”导弹的大多数型号为红外线导引，只有 AIM-9C 为半主动雷达导引。AIM-9C 之前的型号只能由目标的后方锁定攻击，使用上的限制比较大，而配备 AIM-9C 的战斗机就可以采取对头攻击。多数“响尾蛇”导弹采用了 Mk 36 无烟发动机作为动力系统，由于导弹飞行时没有明显的尾迹，敌机飞行员难以通过肉眼来发觉。总体来说，“响尾蛇”导弹具有近距离格斗能力，能全方向、全高度、全天候作战。

趣味小知识

“响尾蛇”导弹各个型号的结构并不相同，最新型号 AIM-9X 的外形与之前的型号有很大差异，它取消了陀螺舵的设计，因为导弹内部已经有专门的姿态控制系统保证导弹飞行过程中不会发生自旋。

LGM-30“民兵”弹道导弹

LGM-30“民兵”（LGM-30 Minuteman）导弹是美国波音公司研制的一款洲际弹道导弹，隶属美国空军全球打击司令部，主要被设计来投送核弹头。

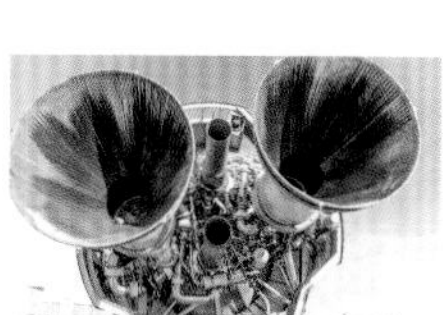

“民兵”导弹尾部特写

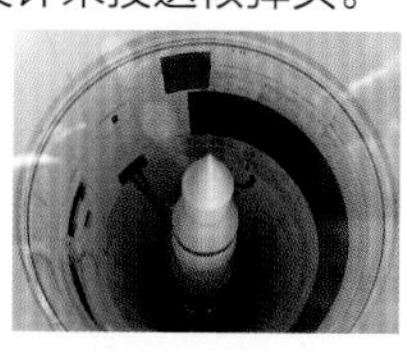

发射井中的“民兵”导弹

基本参数	
长度	18.2 米
直径	1.7 米
重量	35.3 吨
最高速度	23 马赫
有效射程	13000 千米
相关简介	

研发历史

“民兵”弹道导弹有多种型号，最先问世的是固体燃料导弹“民兵”I 型（LGM-30A 和 LGM-30B），其后又推出了“民兵”II 型（LGM-30F）和“民兵”III 型（LGM-30G）。LGM-30A 导弹在 1958 年年底开始研制工作，1962 年正式服役。至 1965 年 6 月，LGM-30A 和 LGM-30B 共有 800 枚装备美国空军。LGM-30F 导弹于 1964 年 9 月完成第一次升空，1965 年正式服役。LGM-30G 导弹于 1966 年开始研制，1968 年 8 月进行首次飞行试验，1970 年 12 月正式服役。截至 2019 年 5 月，“民兵”弹道导弹仅剩下 III 型仍在服役。

实战性能

“民兵”I 型导弹使用固态燃料，而之前的同类型导弹都是使用液态燃料。“民兵”II 型导弹在长度与吨位上都比“民兵”I 型导弹更大，改良过的第二节推进火箭更延长了其射程。“民兵”III 型导弹引进了一种新的第三节推进火箭，比“民兵”II 型导弹的更宽。“民兵”III 型导弹可以携带 3 枚核弹头，每个弹头的 TNT 当量为 17.5 万吨。为了在洲际导弹数量减少的情况下保持美国的战略威慑效力，美军正在对“民兵”III 型导弹进行升级，以提升该导弹的安全性和打击精确度。

趣味小知识

随着美国“和平卫士”洲际导弹在 2005 年退出现役，“民兵”III 型导弹成为美国唯一的陆基可携带核弹头的洲际弹道导弹，是维持美国“三位一体”战略核威慑的陆基支柱。

BGM-71"陶"式反坦克导弹

BGM-71"陶"式（BGM-71 TOW）导弹是美国休斯飞机公司研制的反坦克导弹，TOW 是英文管射（Tube launched）、光学追踪（Optically tracked）和线控导引（Wire command link guided）的缩写。

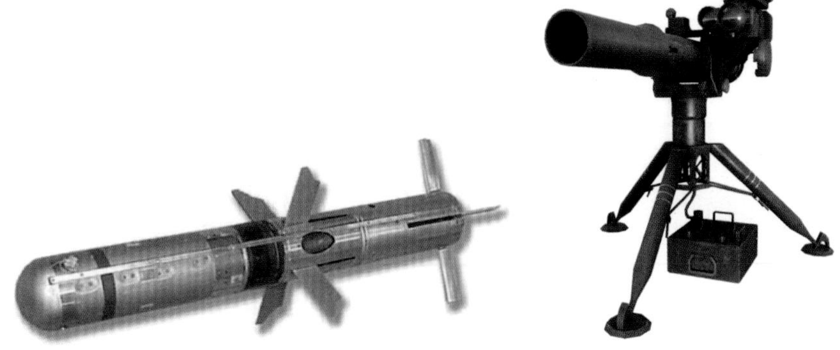

研发历史

"陶"式导弹最初由休斯飞机公司在 1963 ~ 1968 年研发，代号 XBGM-71A，设计目标是希望让地面和直升机都能使用。1968 年，休斯飞机公司获得了 1 份全面生产合约。1970 年，美国陆军开始部署这种武器系统，随后美国海军陆战队也开始采用。"陶"式导弹一直不断的在升级改善，陆续出现了"陶 2"（TOW 2）、"陶 2A"（TOW 2A）和"陶 2B"（TOW 2B）等改进型。

基本参数	
口径	150 毫米
长度	1.51 米
重量	22.6 千克
初速	320 米 / 秒
有效射程	4.2 千米
相关简介	

实战性能

"陶"式导弹使用发射筒发射，发射平台种类较多，使用较为灵活。M220 发射器是步兵在使用"陶"式导弹时的发射器，但也可架在其他平台上使用，包括 M151 MUTT 吉普车、M113 装甲运兵车和"悍马"车，这种发射器严格来说可以单兵携带，但非常笨重。"陶"式导弹采用有线制导，射程受限，发射平台也容易遭到敌方火力打击。

趣味小知识

现役的"陶"式导弹仍然采用线导设计，而且射控技术仍然采取 20 世纪 70 年代第二代线导导弹的半自动指挥至瞄准线导引。这代表导引系统与发射平台必须直接连线，并要求目标维持在射手的视线内直到导弹撞击为止。

AGM-84“鱼叉”反舰导弹

“鱼叉”（Harpoon）导弹是美国麦克唐纳·道格拉斯公司研制的反舰导弹，在美国三军通用编号当中，AGM-84 为空射型，RGM-84 为舰射型，UGM-84 则是潜射型，三者的基本结构相同。

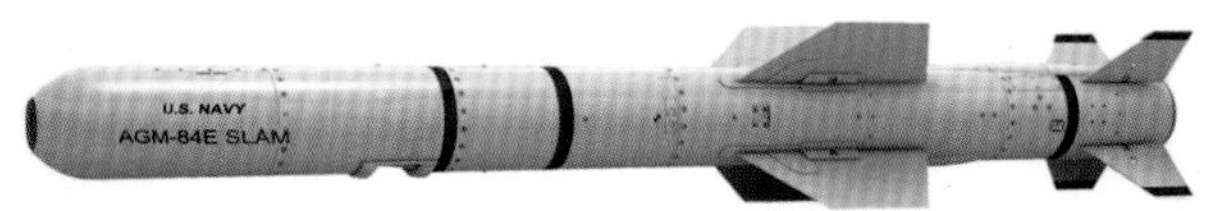

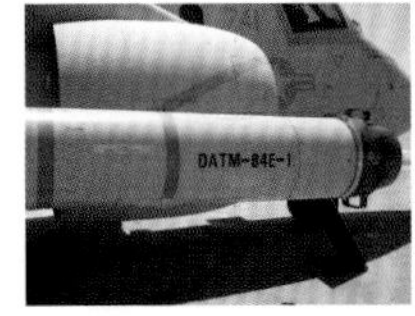

“鱼叉”导弹弹头特写

“鱼叉”导弹中部弹翼特写

研发历史

“鱼叉”导弹在 1969 年开始方案论证，1970 年 11 月确定开发计划，1971 年 1 月进行招标，同年 6 月从参与竞争的 5 家公司中选定麦克唐纳·道格拉斯公司为主承包商，并开始工程发展，发展计划分为武器系统的设计、研制和使用鉴定试验 3 个阶段。1972 年 12 月开始飞行试验，直至 1977 年 3 月试验结束。1977 年 7 月，“鱼叉”导弹开始进入美国海军服役。

基本参数	
长度	4.6 米
直径	0.34 米
重量	0.691 吨
最高速度	0.7 马赫
有效射程	124 千米
相关简介	

实战性能

“鱼叉”导弹是美国海军和美国空军现役最主要的反舰武器，发射前需由探测系统提供目标数据，然后输入导弹的计算机内。导弹发射后，迅速下降至 60 米左右的巡航高度，以 0.75 马赫的速度飞行。在离目标一定距离时，导引头会根据选定的方式，开始搜索前方的区域。捕获到目标后，“鱼叉”导弹进一步下降高度，并贴近海面飞行。当接近敌舰时，“鱼叉”导弹会突然跃升，然后向目标俯冲，穿入舰桥内部爆炸。

趣味小知识

为了减轻重量，“鱼叉”导弹的弹体大部分采用铝合金制造，整枚导弹由前到后依次为导引段、战斗部、推进段与尾舱。

MIM-104“爱国者”地对空导弹

MIM-104“爱国者”（MIM-104 Patriot）导弹是美国雷神公司制造的中程地对空导弹系统，用于拦截战斗弹道导弹、巡航导弹和先进作战飞机。

作战状态的“爱国者”地对空导弹系统

“爱国者”地对空导弹系统车头特写

研发历史

“爱国者”导弹于20世纪60年代开始研发，1976年首次试射，1981年定型，1984年成军。时至今日，“爱国者”导弹已发展出PAC-1、PAC-2和PAC-3等多种型号。除美国使用外，还销售到以色列、德国、荷兰、日本、希腊、韩国及比利时等国家。在1991年的海湾战争中，“爱国者”导弹多次成功地拦截伊拉克的“飞毛脚”导弹，从此声名大振。

基本参数	
长度	5.31米
直径	0.41米
翼展	0.84米
飞行高度	2.4千米
有效射程	160千米
相关简介	

实战性能

“爱国者”导弹主要由战斗部、制导系统、控制组件和发动机等组成。整个“爱国者”地对空导弹系统的地面设备有发射车、相控阵雷达、指挥控制中心和电源车等。“爱国者”导弹的主要特点是反应速度快，飞行速度快，制导精度高，可同时对付5～8个目标，抗干扰能力强，系统可靠性好。“爱国者”导弹的最小发射准备时间不到9秒，最大发射准备时间不大于3.5分钟。

趣味小知识

“爱国者”导弹的弹体为细长圆柱体，战斗部为破片杀伤型，采用无线电近炸引信，杀伤碎片达700多片，杀伤半径20米。

BGM-109“战斧”巡航导弹

BGM-109“战斧”（BGM-109 Tomahawk）导弹是美国通用动力公司于 20 世纪 70 年代研制的对地攻击巡航导弹，雷神公司与麦克唐纳·道格拉斯公司都曾获得生产合约共同生产。

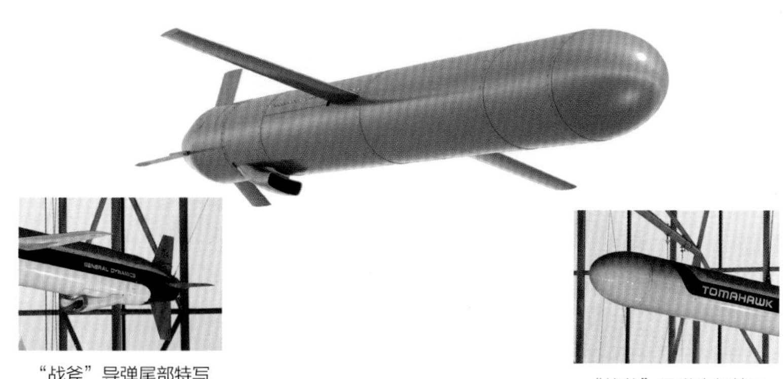

“战斧”导弹尾部特写

“战斧”导弹头部特写

研发历史

“战斧”巡航导弹于 1972 年开始研制，1976 年首次试射，1983 年装备部队。经过 30 多年的不断发展，“战斧”巡航导弹的型号超过 20 个（C、H、I、J、L 等型号都没有服役）。在美国三军通用编号当中，BGM-109 为陆射型，AGM-109 为舰射型，UGM-109 和 RGM-109 则是舰射反舰型。

基本参数	
长度	6.25 米
直径	0.52 米
重量	1.6 吨
最高速度	0.73 马赫
有效射程	2500 千米
相关简介	

实战性能

“战斧”导弹作为美国远程打击力量中的重要一环，具备战略和战术双重打击能力。它是一种从敌方防御火力圈外投射的纵深打击武器，能够自陆地、舰船、空中与水面下发射，攻击舰艇或陆上目标，主要用于对严密设防区域的目标实施精确攻击。“战斧”导弹在航行中采用惯性制导加地形匹配或卫星全球定位修正制导，可以自动调整高度和速度进行高速攻击。导弹表层有吸收雷达波的涂层，具有隐身飞行性能。雷达很难探测到飞行的“战斧”导弹，因为这种导弹有着较小的雷达横截面，并且飞行高度较低。

趣味小知识

1991 年海湾战争中，“战斧”巡航导弹首次投入大规模使用，美军的主要发射平台是游弋于波斯湾和红海的 18 艘军舰。

AGM-114“地狱火”空对地导弹

AGM-114“地狱火”（AGM-114 Hellfire）导弹是美国洛克希德·马丁公司研制的空对地导弹，1984年开始服役。

研发历史

基本参数	
长度	1.63米
直径	0.178米
重量	0.049吨
最高速度	1.3马赫
有效射程	8千米
相关简介	

“地狱火”导弹最初是洛克希德·马丁公司在“大黄蜂”电视制导空对地导弹基础上研制的一种直升机发射的近程空对地导弹，基本型AGM-114A于1970年提出研制，1971年开始试验。1976年，该导弹正式定为AH-64“阿帕奇”武装直升机的机载武器。1983年，开始车载发射试验。1984年，美国陆军航空兵和海军陆战队分别进行了大量试验，共发射导弹200多枚，命中率超过90%。为使“地狱火”导弹具有全天候作战能力，并能适应各种战场环境和气象条件，美军还在不断地研究和改进导弹的制导系统，使之成为能配用多种导引头的模块化的导弹系统。

实战性能

“地狱火”导弹采用模块化设计，可根据战术需要和气象条件选用不同制导方式，配备不同导引头。该导弹具有发射距离远，精度高，威力大等优势，采用激光制导，抗干扰能力强，需要目标照射保障。“地狱火”导弹可以全天候使用，能在战场上的烟尘、雨雾中锁定目标。载机发射“地狱火”导弹后，行动不会受到限制，可以立刻回避敌人攻击。

趣味小知识

1989年，“地狱火”导弹在美军入侵巴拿马战争中首次使用，用于攻击巴拿马国防军司令部。

AIM-120“监狱”空对空导弹

AIM-120“监狱”（AIM-120 Slammer）导弹是美国休斯飞机公司研制的主动雷达导引中程空对空导弹，1991 年开始服役。

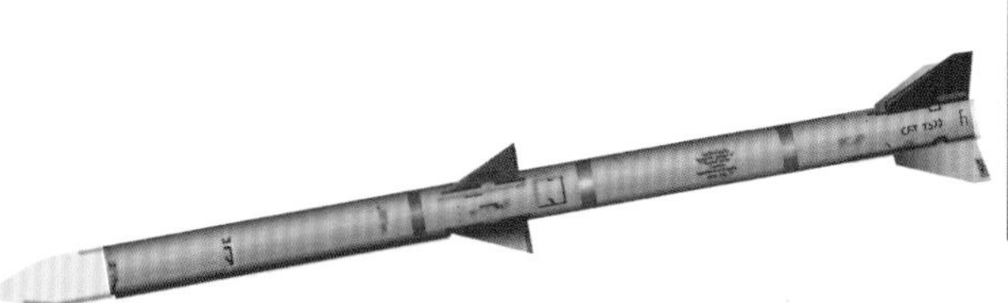

“监狱”导弹尾部特写

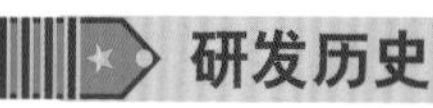

研发历史

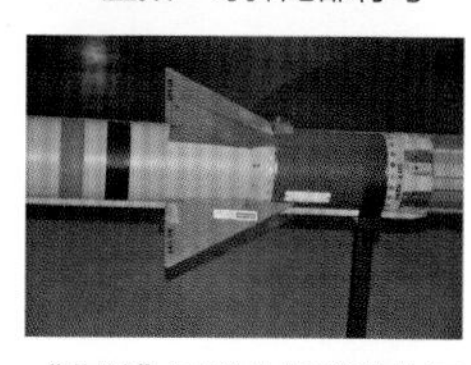

“监狱”导弹中部弹翼特写

AIM-120“监狱”导弹被称为先进中程空对空导弹（Advanced Medium-Range Air-to-Air Missile，AMRAAM），它是美国和几个欧洲北约成员国关于发展空对空导弹及分享相关生产技术的协议的产物，协议规定，美国负责开发下一代中距离空对空导弹，也就是“监狱”导弹。北约欧洲成员国负责开发下一代短程空对空导弹，也就是 AIM-132 先进短程空对空导弹。后来，该协议被终止，欧洲开始发展一种与“监狱”导弹竞争的导弹（“流星”导弹），美国则继续升级 AIM-9“响尾蛇”导弹。经过持续开发，“监狱”导弹在 1991 年 9 月开始部署。

基本参数	
长度	3.7 米
直径	0.18 米
重量	0.152 吨
最高速度	4 马赫
有效射程	160 千米
相关简介	

实战性能

“监狱”导弹采用大长细比、小翼展、尾部控制的正常式气动外形布局，各个型号的外形略有差异。该导弹具有全天候、超视距作战的能力，它比美国以往的空对空导弹更小、更轻、飞得更快，也更能有效地对付低空目标。一旦接近目标，“监狱”导弹将会启动本身的主动雷达来拦截目标。这种被称为“射后不理”的功能，让驾驶员不需要持续以雷达照明锁定敌机，也让驾驶员能同时攻击数个目标，并在导弹锁定敌人后进行回避动作。

趣味小知识

“监狱”导弹广泛应用了 20 世纪 70 年代以来美国在结构材料、制导和控制、雷达技术、固态电子学、高速数字计算机等技术领域所取得的成果。

AIM-132“阿斯拉姆”空对空导弹

AIM-132“阿斯拉姆”（AIM-132 ASRAAM）导弹是由欧洲导弹集团设计的短程空对空导弹，与美国联合生产，也被称为先进近程空对空导弹。

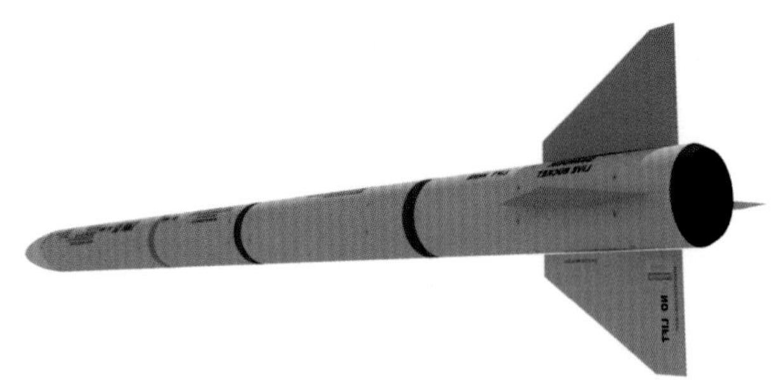

研发历史

20 世纪 80 年代，北约国家签订了协议备忘录，美国将发展一系列中程空对空导弹，以取代 AIM-7 导弹，而英国、法国和德国将发展一种先进近程空对空导弹，以取代 AIM-9 导弹。前者的研发成果就是 AIM-120 先进中程空对空导弹，而后者的研发成果就是“阿斯拉姆”空对空导弹。后来，法国和德国都退出了“阿斯拉姆”计划，剩下英国独立研发。1998 年 1 月，“阿斯拉姆”导弹正式服役。2003 年，该导弹的生产和后续开发工作交由新成立的欧洲导弹集团，同时获得正式的北约识别代号：AIM-v132。

基本参数	
长度	2.9 米
直径	0.166 米
重量	0.088 吨
最高速度	3 马赫
有效射程	50 千米
相关简介	

实战性能

“阿斯拉姆”导弹采用美国休斯公司研制的红外成像导引头和数字式信号处理技术，使导弹具有很强的抗人工红外干扰和瞄准目标要害部位的能力，以获得高的命中概率。同时，采用英国研制的主动激光引信，并采用德国研制的带有综合触发引信和保险执行机构的高爆杀伤战斗部，以及包括光纤陀螺和固态加速度计在内的惯性测量装置，使导弹具有发射前或发射后锁定目标，实施全向攻击的能力。

趣味小知识

“阿斯拉姆”导弹可以接在“响尾蛇”导弹或“魔术”导弹（法国）的发射架上，既扩大了导弹的适用范围，又节省改装费用。

UGM-133“三叉戟”II 型弹道导弹

UGM-133“三叉戟”II 型（UGM-133 Trident II）弹道导弹是美国研制的第三代潜射弹道导弹，也是美国海军目前最重要的海基核威慑力量。

研发历史

“三叉戟”II 型弹道导弹又称 D5 导弹。1984 年开始工程研制，1987 年 1 月在陆基平台上进行首次飞行试验，1989 年进行潜射试验，初始部署于 1990 年。目前，“三叉戟”II 型弹道导弹主要装备在美国海军“俄亥俄”级核潜艇（每艇 24 枚）与英国海军“前卫”级核潜艇（每艇 16 枚）。

基本参数	
长度	13.58 米
直径	2.11 米
重量	59 吨
最高速度	24 马赫
有效射程	12000 千米
相关简介	

实战性能

“三叉戟”II 型弹道导弹为三级固体推进导弹，采用了很多前所未有的新技术，包括新的 NEPE-75 高能推进剂、碳纤维环氧壳体、GPS/星光/惯性联合制导等。该导弹的突出优点是射程远和命中精度高，其命中精度为 90 米。该导弹携带的分导式多弹头有两种，一种是 8 个爆炸威力各为 10 万吨 TNT 当量的子弹头，另一种是 8 个爆炸威力各为 47.5 万吨 TNT 当量的子弹头。“三叉戟”II 型弹道导弹的有效载荷大，它攻击硬目标的效能要比“三叉戟”I 型弹道导弹高 3 ~ 4 倍。

趣味小知识

2009 年 12 月 19 日，美国海军“阿拉斯加”号核潜艇在大西洋发射“三叉戟”II 型导弹，这是“三叉戟”II 型导弹自 1989 年以来的第 130 次连续成功发射，创造了导弹试射成功率纪录。

AGM-158 联合空对地防区外导弹

AGM-158 联合空对地防区外导弹（AGM-158 Joint Air-to-Surface Standoff Missile，AGM-158 JASSM）是美国洛克希德·马丁公司研制的空射巡航导弹，2009 年开始服役。

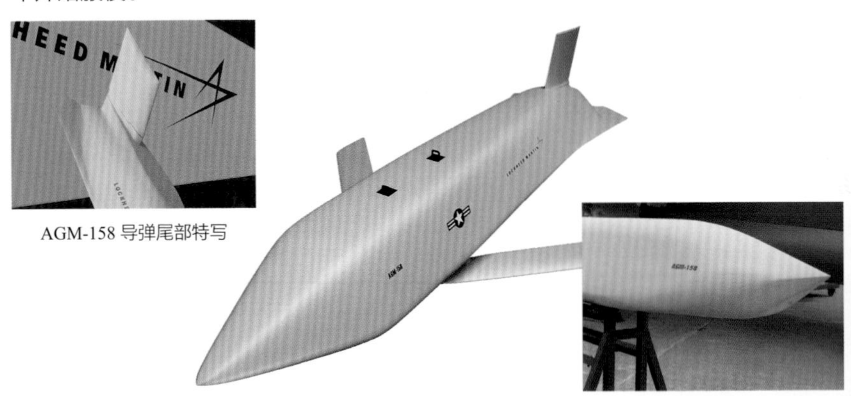

AGM-158 导弹尾部特写

AGM-158 导弹头部特写

研发历史

基本参数	
长度	4.27 米
直径	0.4 米
重量	1.021 吨
最高速度	0.8 马赫
有效射程	1000 千米
相关简介	

AGM-158 导弹是洛克希德·马丁公司在 1994 年 AGM-137“三军防区外攻击导弹”（TSSAM）计划被取消后，为美国空军和美国海军研制的新一代通用防区外空对地导弹。该导弹的使命与 TSSAM 相同，主要用来从敌防空区外距离精确打击严密设防的高价值目标，如敌指挥、控制、通信、计算机和情报的主要节点、发电厂、工业设施、重要桥梁、弹道导弹发射架和舰船等目标，同时要求导弹本身具有雷达隐形能力。

实战性能

AGM-158 导弹是目前世界上最先进的巡航导弹之一，具有精确打击和隐身突防能力，可攻击固定和移动目标，并具有大面积杀伤能力。美国空军计划在未来战争中首先使用该导弹，用于摧毁敌方防空系统和指挥控制系统，然后由轰炸机等作战飞机携带较便宜的联合直接攻击弹药实施进一步的打击。AGM-158 导弹采用涡轮喷射发动机，可使用爆破杀伤弹和穿甲弹等多种类型的战斗部，采用惯性制导加 GPS 中制导与红外成像末制导，并可进行攻击效果评定。

趣味小知识

AGM-158导弹加装了抗干扰模块，能在对GPS干扰的环境下使用，并大量采用隐身技术，具有昼夜全天候作战能力。

RIM-161“标准”III型反弹道导弹

RIM-161“标准”III型（RIM-161 Standard III）反弹道导弹是使用于“宙斯盾”系统的舰载反弹道导弹，2005年开始服役。

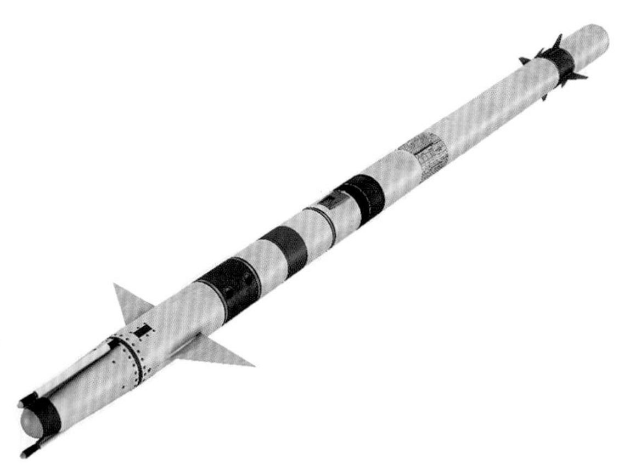

研发历史

基本参数	
长度	6.55米
直径	0.343米
重量	1.5吨
最高速度	15.25马赫
有效射程	2500千米
相关简介	

“标准”III型导弹的第一次搭载试验于1999年9月进行，2001年1月进行的第三次试验成功进行了导弹飞行测试，并进行了动能弹头的分离。2002年1月，“标准”III型导弹进行了第一次成功的全程实验，击中了1枚弹道导弹。到2004年1月，“标准”III型导弹已经进行了4次拦截试验。2005年，“标准”III型导弹开始服役。

实战性能

“标准”III 型导弹以固体火箭助推器提供动力，采取垂直发射的方式，最大拦截高度 122 千米，最小拦截高度 15 千米，最大拦截距离为 425 千米。在执行反导弹作战任务时，“标准”III 型导弹通过其自身配备的红外制导装置确定来袭弹头的具体位置，利用自身的末端机动能力，以 4000 米 / 秒的速度撞击并摧毁对方弹头。

趣味小知识

虽然主要是设计用于反弹道导弹用途，但“标准”III 型导弹也可以当作反卫星武器来使用，可以对抗位于近地轨道近端的卫星。

Chapter 06

单兵便携式武器

单兵便携式武器是步兵最基本也是最重要的武器，其主要作战用途是杀伤有生力量，毁伤轻型装甲车辆，破坏其他武器装备和军事设施。美国不仅在各类重武器的研制上名列前茅，在单兵便携式武器方面也颇有建树。

M9 半自动手枪

M9 半自动手枪（M9 pistol）是美国军队于 1985 年开始采用的制式手枪，由意大利伯莱塔公司研制。目前，M9 手枪仍被美国各个军种大量使用。

M9 半自动手枪握把和扳机结构

M9 半自动手枪弹匣

基本参数	
口径	9 毫米
全长	217 毫米
枪管长	125 毫米
重量	0.952 千克
弹容量	15 发
相关简介	

研发历史

1978 年，美军提出需要采用一种新手枪，用以取代老旧的 M1911 手枪。之后，多家著名枪械公司参加了选型试验。经过一番角逐，1985 年 1 月，美军宣布伯莱塔 92F 手枪胜出，并将其选为制式手枪，正式命名为 M9 半自动手枪。1988 年，M9 半自动手枪发生了套筒断裂的事故，随后，伯莱塔公司按照美国陆军的要求进行了改进设计，按这种标准生产的 92F 手枪改称 92FS 手枪。至此，M9 半自动手枪真正取代经典的 M1911 手枪，成为美军新的制式手枪。2003 年，美国军方推出了 M9 半自动手枪的改进型，命名为 M9A1 手枪。

实战性能

M9 半自动手枪采用枪管短行程后坐作用原理、闭锁方式为卡铁下沉式，单 / 双动扳机设计，以 15 发可拆式弹匣供弹。M9 半自动手枪的套筒座、握把都是由铝合金制成，不过为了减轻枪的重量，握把外层的护板是木质的。在保险装置上，不再是过去的按钮式，而是变成了摇摆杆。扳机护圈的增大，即便是戴上手套扳动扳机也非常顺手。M9 半自动手枪体积小、重量轻、使用方便、动作可靠，在风沙、尘土、泥浆及水中等恶劣战斗条件下适应性强，其枪管的使用寿命高达 10000 发。

趣味小知识

M9 手枪从 1.2 米高处落在坚硬的地面上不会出现偶发，一旦在战斗损坏时，较大故障的平均修理时间不超过半小时，小故障不超过 10 分钟。

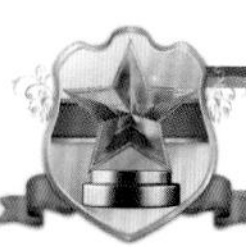

MEU(SOC) 半自动手枪

MEU(SOC) 半自动手枪是美国海军陆战队专门为陆战队远征队（Marine Expeditionary Unit）研制的，由 M1911 手枪改装而来。

研发历史

美国海军陆战队研制 MEU(SOC) 半自动手枪的初衷在于他们并不喜欢 M9 制式手枪，因此，他们提出以海军陆战队偏爱的 M1911 手枪为基础，为他们的精锐部队生产一种专门的手枪。这种手枪在 1986 年根据陆战队远征队的需求开始设计，由美国海军陆战队精确武器工场的军械工人手工生产。这些手枪没有正式定型，一律称为 MEU(SOC) 手枪或 MEU 手枪。

基本参数	
口径	11.43 毫米
全长	210 毫米
枪管长	127 毫米
重量	1.11 千克
弹容量	7 发
相关简介	

性能解析

MEU(SOC) 半自动手枪用政府型 M1911A1 手枪的底把改装而来，但弧形的握把背板改为直线形，坡膛抛光并加宽，其他改进还有：从商业途径订购套筒，并增加了防滑纹；扩展抛壳口，以提高可靠性；增加右侧的保险柄；安装了 1 个纤维材料的后坐缓冲器；握把底部增加了吊环；配用 7 发不锈钢弹匣。MEU(SOC) 手枪的后坐缓冲器颇具争议，既有赞扬也有反对的声音。缓冲器可以降低后坐感，在速射时尤其有利，但其本身似乎不太耐用，批评的声音就集中在缓冲器的小碎片容易积累在手枪里面导致出现故障上。

趣味小知识

每名陆战队远征队士兵在训练周期内通常要用 MEU(SOC) 手枪发射 80000 发子弹，然后要将枪送回精确武器工场进行翻新和维护。

柯尔特 9 毫米冲锋枪

柯尔特 9 毫米冲锋枪由美国柯尔特公司研制，目前装备美国海军陆战队和执法机构，其他国家也有装备。

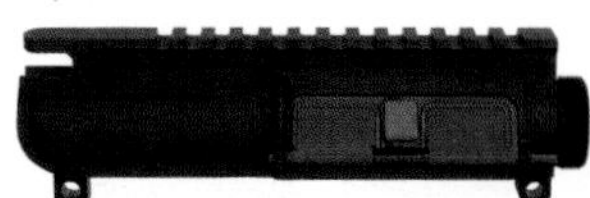

柯尔特 9 毫米冲锋枪上机匣

柯尔特 9 毫米冲锋枪下机匣

研发历史

柯尔特 9 毫米冲锋枪是柯尔特公司在 1982 年以 AR-15 系列步枪的设计基础上改进而成的 9 毫米冲锋枪，以进入被德国 HK MP5 冲锋枪所统治的冲锋枪市场。1986 年，柯尔特 9 毫米冲锋枪开始销售。当时，许多人不看好柯尔特的做法，但柯尔特 9 毫米冲锋枪不仅站稳了脚跟，还取得了不俗的销量。

基本参数	
口径	9 毫米
全长	730 毫米
枪管长	266 毫米
重量	2.61 千克
弹容量	32 发
相关简介	

性能解析

柯尔特 9 毫米冲锋枪的结构紧凑、射击精度好，是美国海军陆战队主要的冲锋枪。该枪采用导气式原理，短小轻便，直线结构配合低后坐力冲击的 9 毫米 ×19 毫米帕拉贝鲁姆枪弹，能够降低枪口上跳，实现高度精确的射击。而紧凑的结构和侵彻力较低的弹药，使该枪适合在城市、船舶和有大量平民的建筑物（如飞机场、火车站）等环境下使用。柯尔特 9 毫米冲锋枪配用 20 发或 32 发直弹匣，可实施单发或连发射击。该枪有空仓挂机机构，枪口有消焰器。扳机护圈可向下打开，便于射手戴手套时扣压扳机。

趣味小知识

柯尔特 9 毫米冲锋枪分解不需要专门工具，而且清洁和维护也很容易。

M16 突击步枪

M16 突击步枪是由美国著名枪械设计师尤金·斯通纳设计的，自 20 世纪 60 年代以来一直是美国军队的重要单兵武器，各个军种的特种部队也广泛采用。

M16 突击步枪枪管组件

M16 突击步枪弹匣

研发历史

1957 年，美军在装备 M14 自动步枪后不久就正式提出设计新枪，竞标者之一阿玛莱特公司由此研制了 AR-15 步枪。1959 年，阿玛莱特公司将 AR-15 专利卖给了柯尔特公司。在进一步改进设计后，美国空军于 1962 年首先采购 8500 支 AR-15 装备机场警卫部队，美国陆军则于 1964 年正式装备该枪。1964 年 2 月 8 日，美国空军正式将其命名为 M16。此后，又诞生了 M16A2、M16A3、M16A4 等改进型号，M16 系列逐渐成为成熟可靠、使用广泛的经典步枪。

基本参数	
口径	5.56 毫米
全长	1000 毫米
枪管长	508 毫米
重量	3.3 千克
弹容量	30 发
相关简介	

实战性能

M16 突击步枪最初在战场上经常发生卡壳、枪膛严重污垢、枪管与枪膛锈蚀、拉断弹壳、弹匣损坏等故障，这导致它的早期评价极差，但问题很快得到解决。M16A2 和之后的改进型号采用了加厚的枪管，减缓了连续射击时的过热问题，适合持续射击。枪机后方的塑料枪托中设有金属复进簧，可有效缓冲后坐力，使准星不会发生明显的偏移。M16A4 设有皮卡汀尼导轨，可安装传统的携带提把、瞄准系统或者各种光学设备，以适应各种作战需求。不过，比起使用导气活塞的步枪，M16 系列需要更频繁的清洁和润滑来保持稳定工作。

趣味小知识

在电影《黑鹰坠落》中，很多“游骑兵”或“三角洲”队员都在使用 M16 突击步枪，有的带有瞄准镜，有的带有榴弹发射器。

M4 卡宾枪

M4 卡宾枪是 M16 突击步枪的缩短版本，1994 年开始生产，具有紧凑的外形和强大的火力，适合近距离作战。

M4 卡宾枪枪托

M4 卡宾枪枪管

基本参数	
口径	5.56 毫米
全长	840 毫米
枪管长	370 毫米
重量	2.88 千克
弹容量	30 发
相关简介	

研发历史

随着 M16A2 突击步枪的研制成功，美军开始考虑为特种部队研制发射 SS109/M885 弹的新型卡宾枪。同 M16A2 一样，这种新型卡宾枪也是根据美国海军陆战队的需求而在 1983 年开始设计的。柯尔特公司在 M16A2 突击步枪的基础上研制新型卡宾枪，1985 年完成设计，柯尔特公司的型号编号为 720 型，而在军方的测试计划中称为 XM4。不过，美国国会否决了海军陆战队的 XM4 采购预算。1986 年 4 月，美国陆军重新开始 XM4 卡宾枪的研制工作和第二阶段试验。经过进一步改进后，XM4 在 1991 年 3 月正式定型并命名为 M4 卡宾枪。

实战性能

M4 卡宾枪采用导气、气冷、转动式枪机设计，以弹匣供弹及可选射击模式。M4 卡宾枪和 M16 突击步枪有 80% 的部件可以共用，但 M4 卡宾枪比 M16 突击步枪更短，重量也较轻，在近战时能快速瞄准目标。不过，M4 卡宾枪的短枪管使枪口初速及火力降低，缩短的导气系统令射击声音增大，枪管过热也较快。而沿用 M16 突击步枪的导气系统，开火时是依靠气体推动整个系统。一些武器专家认为，它直接将气体导入开火装置，容易携带炭渣，从而产生污垢和热量，造成润滑剂干燥，可能会在沙漠地区出现可靠性问题。

趣味小知识

最初的 M4 卡宾枪只有“单发”及“三点发”模式，其后的 M4A1 以“单发”及“全自动”模式取代“三点发”。

Mk 12 特别用途步枪

Mk12 特别用途步枪（Mk 12 Special Purpose Rifle，Mk 12 SPR）是阿玛莱特公司在 M16 突击步枪的基础上改进而来，主要被美国陆军和海军的特战单位用作狙击步枪或精确射手步枪。

研发历史

Mk 12 SPR 的设计概念由阿玛莱特公司总裁马克·韦斯特罗提出，最初被称为“特别用途机匣”（Special Purpose Receiver），之后发展成为一种独立的武器系统，而不再只更换上机匣，这个术语就被取代了。因此，SPR 最终被美国陆军和美国海军命名为 Mk 12 特别用途步枪。Mk 12 SPR 于 2002 年开始服役，美军特种部队曾在“持久自由”行动和“伊拉克自由”行动中广泛使用。

基本参数	
口径	5.56 毫米
全长	952 毫米
枪管长	457 毫米
重量	4.5 千克
弹容量	20/30 发
相关简介	

实战性能

Mk 12 SPR 采用比赛级自由浮置式不锈钢重型枪管，装有特制的枪口制退器。枪管重量经过优化，在确保最大精度的同时把重量减到最轻，均由道格拉斯枪管公司生产。各型 Mk 12 SPR 使用过 M16A1 固定枪托、M16A2 固定枪托、M4 伸缩枪托以及改进型“克兰”枪托。Mk 12 SPR 重量较轻，所以可以快速转换瞄准近距离目标。所有型号的 Mk 12 SPR 都采用自由浮置式前托，不会接触枪管，以消除枪管的不规则振动从而增加射击的准确性。

趣味小知识

Mk12SPR 没有配用标准的 M855 普通弹或 M856 曳光弹，而是使用更精确的 Mk 262 比赛弹。

Mk 14 增强型战斗步枪

Mk 14 增强型战斗步枪（Mk 14 Enhanced Battle Rifle，Mk 14 EBR）是 M14 自动步枪的衍生型，专供美国海军特种作战司令部辖下的单位使用。

研发历史

2000 年，美国海军“海豹”突击队向美国海军特种作战司令部发出了研发一支更紧凑的 M14 战斗步枪的要求以后，多家枪械制造商接受招标并开始设计他们的 Mk 14 增强型战斗步枪。2003 年，朗·史密斯和史密斯企业公司研发的 Mk 14 增强型战斗步枪被选中。2004 年，美国海军“海豹”突击队成为第一个装备 Mk 14 EBR 的美军部队，随后美国海岸警卫队也开始装备。

基本参数	
口径	7.62 毫米
全长	889 毫米
枪管长	457.2 毫米
重量	5.1 千克
弹容量	20/100 发
相关简介	

实战性能

Mk 14 EBR 设计中最突出的特点在于：枪管长度缩短到 457 毫米、可折叠式枪托和可以安装多种附件的导轨。Mk 14 EBR 的使用者都称赞它比 M14 自动步枪更易使用，这是由于 Mk 14 EBR 的人机工效比原来的 M14 自动步枪更出色，降低了后坐力，并可根据使用者的需求安装各种光学瞄准镜、夜视镜及各种战术配件。

趣味小知识

在战斗定位上，Mk14EBR 同时扮演着精确射手步枪和近距离作战步枪两种角色。

Mk 18 Mod 0 卡宾枪

Mk 18 Mod 0 是美国柯尔特公司在 M4 卡宾枪基础上改进而来的卡宾枪，主要装备美军特种部队。

基本参数	
口径	5.56 毫米
全长	762 毫米
枪管长	262 毫米
重量	2.72 千克
弹容量	20、30 发
相关简介	

研发历史

由于 M16 突击步枪及 M4 卡宾枪不能完全适应所有任务，美国海军水面作战中心便以更换特种用途的机匣和枪管的方式设计出 CQBR（Close Quarter Battle Receiver，意为"室内近战机匣"），其改装套件其实是M4 卡宾枪 SOPMOD Block II（"特种作战改进型"第二批次）计划的其中一个项目。美国海军水面作战中心将 CQBR 抽出 SOPMOD 独立发展，完全改装的 CQBR 被定名为 Mk 18 Mod 0 卡宾枪。2000 年，Mk 18 Mod 0 卡宾枪开始服役，开始只配发给海军特种部队，但很快就被其他军种和部分执法机构的特种部队采用。

实战性能

Mk 18 Mod 0 卡宾枪采用标准的 M4A1 下机匣，但内部增大了导气孔至 0.18 毫米，改装了缓冲器，采用扩大的拉机柄锁。最初的 Mk 18 Mod 0 卡宾枪将可拆提把切断，只保留后准星部分，现在大多改为装上可拆后备照门。该枪使用缠距为 178 毫米的 260 毫米枪管，护木内的枪管直径为 16 毫米。标准护木为 KAC RIS 导轨护木，可安装任何对应 MIL-STD-1913 导轨的配件。Mk 18 Mod 0 卡宾枪主要发射 5.56 × 45 毫米 M855 普通弹和 M856 曳光弹，由于短枪变短，所以初速较低。

趣味小知识

Mk 18 Mod 0 卡宾枪装有消焰器，保留刺刀卡笋，但不能安装刺刀。

M24 狙击步枪

M24 狙击步枪是雷明顿 700 步枪的衍生型之一，正式名称为 M24 狙击手武器系统（M24 Sniper Weapon System，M24 SWS），主要提供给军队及警察用户。

M24 狙击步枪枪机特写

M24 狙击步枪两脚架特写

研发历史

20 世纪 80 年代后期，M21 狙击步枪已无法满足美军的作战需求。1988 年，美军将 M24 狙击手武器系统选为新的制式武器。该枪从雷明顿 700 步枪演变而来，由于性能非常优异，所以逐渐取代了其他狙击步枪，成为美军的主要狙击武器。之所以称为狙击手武器系统，是因为除了狙击步枪本身以外还配备了瞄准镜及其他配件。M24 狙击步枪的最初型号为 M24A1，之后又出现了 M24A2、M24A3 和 M24E1 等改进型。

基本参数	
口径	7.62 毫米
全长	1092 毫米
枪管长	660 毫米
重量	5.4 千克
弹容量	5/10 发
相关简介	

实战性能

M24 狙击步枪采用旋转后拉式枪机，闭锁可靠性好，枪体与枪机配合紧密，提供了较高的精度。其重型枪管为不锈钢制成，可以自由转动定位。为了耐受沙漠恶劣的气候，M24 狙击步枪特别采用碳纤维与玻璃纤维等材料合成的枪身和枪托，可在 -45℃至 65℃气温变化中正常使用。为了确保射击精度，该枪设有瞄准具、夜视镜、聚光镜、激光测距仪和气压计等配件，远程狙击命中率较高，但使用较为烦琐。

趣味小知识

M24 狙击步枪对气象条件的要求很严格，潮湿空气可能改变子弹方向，而干热空气又会造成子弹打高。

M40 狙击步枪

M40 狙击步枪是雷明顿 700 步枪的衍生型之一，是美国海军陆战队自 1966 年以来的制式狙击步枪，其改进型号仍在服役。

M40 狙击步枪瞄准镜

M40 狙击步枪木制枪托

研发历史

基本参数	
口径	7.62 毫米
全长	1117 毫米
枪管长	610 毫米
重量	6.57 千克
弹容量	5 发
相关简介	

M40 狙击步枪和 M24 狙击步枪（美国陆军制式狙击步枪）都是雷明顿 700 旋转后拉式枪机步枪的衍生型，但 M40 问世的时间更早。雷明顿 700 步枪自 1962 年推出，就以其精确性和威力受到称赞。20 世纪 60 年代，由于越南战争的需要，美国海军陆战队要求研制一种正规的新式狙击步枪。经过测试后，1966 年 4 月 7 日决定以雷明顿 700 步枪为基础研制狙击步枪，改进后命名为 M40。经过实战检验后，20 世纪 70 年代又出现了改进型 M40A1。M40A1 在 1980 年进行了重大改进，之后又陆续出现了 M40A3（2001 年）和 M40A5（2009 年）等改进型。

性能解析

M40 狙击步枪是一种手动狙击步枪，最初采用重枪管和木制枪托，用弹仓供弹，弹仓为整体式。1977 年的 M40A1 和 2001 年的 M40A3 将枪托材料换为玻璃纤维。M40A3 还在枪托中采用了后坐衬垫，提高了射手射击时的舒适度，但重量也增加了 0.9 千克。M40、M40A1 和 M40A3 都采用 5 发内置式弹仓供弹，M40A5 则改为 5 发可分离式弹仓。早期的 M40 全部装有雷德菲尔德 3 ~ 9 倍瞄准镜，但瞄准镜及木制枪托在越南战场的炎热潮湿环境下，出现受潮膨胀等严重问题，以致无法使用。之后的 M40A1 和 M40A3 换装了玻璃纤维枪托和“尤那托”瞄准镜，加上其他功能的改进，逐渐成为性能优异的成熟产品。

趣味小知识

在 2007 年电影《生死狙击》中，M40 狙击步枪被主角鲍勃斯瓦格（马克•沃尔伯格饰演）于故事开头时使用。

M82 狙击步枪

M82 是美国巴雷特公司研制的半自动狙击步枪 / 反器材步枪，美军称其为“重型特殊用途狙击步枪”（Special Application Scoped Rifle，SASR）。

M82 狙击步枪弹匣

M82 狙击步枪枪托

基本参数	
口径	12.7 毫米
全长	1400 毫米
枪管长	740 毫米
重量	14 千克
弹容量	10 发
相关简介	

研发历史

M82 于 20 世纪 80 年代早期开始研发，1982 年造出第一把样枪并命名。之后巴雷特继续研发，并于 1986 年发展出 M82A1 狙击步枪。1989 年，瑞典率先采购了 100 支 M82A1。1990 年，美军宣布全面采用 M82A1。1987 年，更先进的无托型 M82A2 研发成功，降低后坐力的设计使其可以手持抵肩射击而不必使用两脚架，但 M82A2 并没有很成功地打入市场，很快就停产了。M82 系列最新的产品是 M82A1M，被美国海军陆战队大量装备并命名为 M82A3。

实战性能

M82 狙击步枪具有超过 1500 米的有效射程，甚至有过 2500 米的命中纪录，超高动能搭配高能弹药，可以有效摧毁各类战略物资。除了军队以外，美国很多执法机关也钟爱此枪，包括纽约警察局，因为它可以迅速拦截车辆，1 发子弹就能打坏汽车发动机，也能很快打穿砖墙和水泥，适合城市战斗。美国海岸警卫队还使用 M82 狙击步枪进行缉毒作战，有效打击了海岸附近的高速运毒小艇。

趣味小知识

M82 狙击步枪曾在许多好莱坞电影中出现，包括《生死狙击》《迈阿密风云》《机械战警》《超级战舰》《第一滴血 4》《拆弹部队》等。

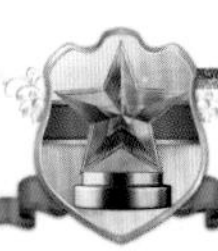

M110 狙击步枪

M110 狙击步枪是美国奈特公司研制的 7.62 毫米半自动狙击步枪，正式名称为 M110 半自动狙击手系统（M110 Semi-Automatic Sniper System，M110 SASS）。

M110 狙击步枪瞄准镜

M110 狙击步枪枪托

研发历史

M110 狙击步枪的开发目的是替换美国陆军狙击手、观察手、指定射手及班组精确射手的 M24 狙击步枪，美国陆军在提交计划后开放给多家公司参与。2005 年 9 月 28 日，奈特公司的方案胜出，正式定名为 M110 半自动狙击手系统（在测试时名为 XM110）。2006 年年底，M110 狙击步枪正式成为美军的制式狙击步枪。2007 年 4 月，驻守阿富汗的美国陆军“狂怒”（Fury）特遣队成为首个使用 M110 狙击步枪作战的部队。

基本参数	
口径	7.62 毫米
全长	1029 毫米
枪管长	508 毫米
重量	6.94 千克
弹容量	10、20 发
相关简介	

实战性能

M110 狙击步枪采用加长型模块化导轨系统，直接固定在上机匣上，使导轨和机匣一体化，比以往的导轨更稳固，射击时的震动和重复装卸时产生的偏差很小，而且下导轨也可自由装卸。由于密封性加强，减少了泥沙进入护木内的概率。此外，M110 狙击步枪的弹匣释放按钮和保险、拉机柄均可两面操作。在阿富汗和伊拉克执行作战任务的美军都装备了 M110 狙击步枪。有的士兵认为，M110 狙击步枪的半自动发射系统过于复杂，反不如运动机件更少的 M24 狙击步枪精度高。

趣味小知识

为防止被热成像仪发现，M110 半自动狙击手系统从武器到附件表面均为深土黄色，这种颜色也是美军的制式颜色。

M2010 增强型狙击步枪

M2010 增强型狙击步枪（M2010 Enhanced Sniper Rifle，M2010 ESR）是由美国雷明顿公司研制的手动狙击步枪，发射 .300 温彻斯特 - 玛格南（7.62 × 67 毫米）子弹。

基本参数	
口径	7.62 毫米
全长	1180 毫米
枪管长	610 毫米
重量	5.5 千克
弹容量	5 发
相关简介	

历史回顾

M2010 增强型狙击步枪是以 M24 狙击步枪为蓝本，目的是取代现有的 M24 狙击步枪。雷明顿公司在招标中成功中标，并且获得了一份固定价格不定期不定量的生产合同。根据合同，雷明顿公司将要改进 3600 支 M24 狙击步枪。美国陆军于 2010 年 12 月底从部队中撤回 250 支 M24 狙击步枪，以便进行升级并装备到陆军狙击手部队。2011 年 1 月 18 日，美国陆军开始向 2500 名狙击手配发 M2010 狙击步枪。同年 3 月，美国陆军狙击手开始在阿富汗的作战行动之中使用 M2010 狙击步枪。

实战性能

M2010 增强型狙击步枪被视为 M24 狙击步枪的“整体转换升级”，雷明顿公司宣称：每支试验的 M2010 增强型狙击步枪需要达到（而且通常超出）美国陆军提出的在 200 码距离散布圆直径等于或小于 2 英寸（50.8 毫米）的指标，然后才会装备至部队。而参与测试的美国陆军狙击兵学校也宣称他们在白天和夜晚都进行了大量的试射，认为武器完全满足指标，而且人体工程学比其他狙击步枪更为出色。

趣味小知识

为了适应不同狙击手的体型，M2010 的托腮板高度、枪托底板长度都可以调节，底盘装上的枪托可以在不使用时向右折叠，以缩短 M2010 携行长度和方便运输和隐蔽性移动。

TAC-50 狙击步枪

TAC-50 狙击步枪是美国麦克米兰公司研制的手动狙击步枪 / 反器材步枪，以 Mk 15 的名称在美国海军“海豹”突击队服役。

TAC-50 狙击步枪枪管部位特写

TAC-50 狙击步枪枪机部位特写

研发历史

TAC-50 狙击步枪是麦克米兰公司在 1980 年推出的手动狙击步枪。2000 年，加拿大军队将 TAC-50 狙击步枪选为制式武器，并重新命名为“C15 长程狙击武器”。美国海军“海豹”突击队也采用了 TAC-50 狙击步枪，命名为 Mk 15 狙击步枪。

基本参数	
口径	12.7 毫米
全长	1448 毫米
枪管长	736 毫米
重量	11.8 千克
弹容量	5 发
相关简介	

实战性能

TAC-50 狙击步枪采用旋转后拉式枪机，安装有比赛级浮置枪管，枪管表面刻有线槽，枪口装有高效能制动器以缓冲 12.7 毫米口径枪弹的强大后坐力，由可装 5 发子弹的可分离式弹仓供弹，采用麦克米兰的玻璃纤维强化塑胶枪托，枪托前端装有两脚架，尾部装有特制橡胶缓冲垫，整个枪托尾部可以拆下以方便携带。握把为手枪型，扳机是雷明顿扳机，扳机力约 1.6 千克。该枪使用 12.7 × 99 毫米北约标准子弹，破坏力惊人，狙击手可用来对付装甲车辆和直升机。

趣味小知识

2002 年，加拿大军队的罗布 • 福尔隆下士在阿富汗山区使用 TAC-50 狙击步枪在 2430 米距离击中一名塔利班武装分子 RPK 机枪手，创造了当时最远狙击距离的世界纪录。

M249 轻机枪

M249轻机枪是比利时国营赫斯塔尔公司制造的FN Minimi轻机枪的改良版本，发射5.56×45毫米北约标准弹药，1984年成为美军三军制式班用机枪。

M249 轻机枪枪管组件

M249 轻机枪枪托

研发历史

20世纪60年代，随着班用武器的小口径化，美军的班用机枪也开始向这个方向发展。虽然美军装备有M16轻机枪和M60通用机枪，但前者的持续射击性不好，后者的重量又过大。于是，美军公开招标新型小口径机枪，当时有不少的老牌枪械公司来投标，包括比利时国营赫斯塔尔公司。经过激烈角逐后，赫斯塔尔公司的机枪胜出，美军将其命名为XM249轻机枪。随后，美军又对XM249轻机枪做了一些测试，在确定符合要求后将其选作制式武器，并更名为M249轻机枪。

基本参数	
口径	5.56 毫米
全长	1041 毫米
枪管长	521 毫米
重量	7.5 千克
枪口初速	915 米 / 秒
相关简介	

实战性能

M249轻机枪的枪管可快速更换，令机枪手在枪管故障或过热时无须浪费时间修理，护木下前方装有折叠式两脚架以利于部署定点火力支援，也可对应固定式三脚架及车用射架。M249轻机枪对应弹链及STANAG弹匣供弹，机枪手在缺乏弹药等紧急情况时可向其他装备M16步枪或M4卡宾枪的士兵借用弹匣来射击。美军士兵对M249轻机枪的使用意见不一，有的认为M249轻机枪有耐用和火力强大的优点，也有人认为M249轻机枪在卧姿射击时能够满足一般轻机枪用途，但是在抵腰和抵肩射击时较难控制。

趣味小知识

M249轻机枪使用5.56×45毫米子弹，常使用装有200发弹链的硬塑料弹箱供弹，在必要时也可以使用弹匣供弹。

M2HB 重机枪

M2HB 重机枪是由美国著名枪械设计师约翰·勃朗宁设计的大口径重机枪，发射 12.7×99 毫米大口径弹药，主要用途是攻击轻装甲目标、集结有生目标以及低空防空。

M2HB 重机枪消焰器

M2HB 重机枪枪身

研发历史

一战末期，柯尔特公司设计师约翰·勃朗宁应美国远征军总司令约翰·潘兴将军的要求，设计了 M1921 机枪。1926 年约翰·勃朗宁去世，在之后的 1927 年至 1932 年，美国的塞缪尔·格林博士针对 M1921 机枪的设计问题以及军方需求做出调整。1932 年，改进版本正式被美军命名为“M2 机枪”。早期的气冷式 M2 机枪由于枪管太轻，无法承受多角度全方位射击要求，并且它容易过热，之后推出了改用重枪管的版本，命名为 M2HB（Heavy Barrel）机枪。目前，M2HB 机枪主要由通用动力公司负责生产。

基本参数	
口径	12.7 毫米
全长	1654 毫米
枪管长	1143 毫米
重量	38 千克
枪口初速	890 米 / 秒
相关简介	

实战性能

M2HB 重机枪可以全自动射击也能够半自动射击，使用 12.7×99 毫米弹药，不但可以攻击敌方人员，而且对低空飞行的直升机和轻装甲车辆等目标有极大杀伤力。M2HB 重机枪 450 ~ 550 发 / 分的射速及后坐作用系统令其在全自动发射时十分稳定，命中率较高，但低射速也令 M2HB 重机枪的支援火力降低。M2HB 重机枪用途广泛，为了应对不同情况，它可在短时间内改成机匣右方供弹，且无须专用工具。

趣味小知识

美军除装备带三脚架的 M2HB 重机枪外，还将它配装在轻型吉普车和步兵战车上，作地面支援武器使用，也作为坦克的并列机枪使用。

M60 通用机枪

M60 通用机枪从 20 世纪 50 年代末开始服役，随着多种相同功用机枪的出现及轻武器的小口径化，它的设计已显得过时，但仍在部分美国特种部队中服役。

研发历史

二战结束后，美国从战场上缴获了大量的德军枪械，春田兵工厂从这些枪械中汲取了不少设计经验。在参考 FG42 伞兵步枪和 MG42 通用机枪的部分设计之后，再结合桥梁工具与铸模公司的 T52 计划和通用汽车公司的 T161 计划，产生了全新的 T161E3 机枪（T 为美军武器试验代号）。1957 年，T161E3 机枪在改进，并通过测试后，正式命名为 M60 通用机枪，以此取代老旧的 M1917 及 M1919 机枪。目前，M60 通用机枪由萨科防务公司继续生产。

基本参数	
口径	7.62 毫米
全长	1105 毫米
枪管长	560 毫米
重量	12 千克
弹容量	250 发
相关简介	

实战性能

M60 通用机枪虽然总体性能较佳，但也出现了一些设计上的缺点，如早期型的机匣进弹有问题，需要托平弹链才能正常射击。该枪的空枪重量达到 12 千克，再加上弹药和其他装备，对士兵来说负重过大不利于机动。550 发 / 分的射速也相对较低，在压制敌人火力点的时候有点力不从心，且不能对射速进行调整。此外，更换枪管还需要佩戴耐热手套，浪费了大量的宝贵时间，在战斗中容易留下较长的火力空隙。

趣味小知识

M60 通用机枪的瞄准装置采用的是可调式标尺型照门和固定式准星，后期的型号也可以通过导轨加装各类瞄准具。

Mk 48 通用机枪

Mk 48 通用机枪是比利时国营赫斯塔尔公司于 21 世纪初期研制的一款通用机枪，利用 M13 弹链发射火力强大的 7.62 × 51 毫米北约标准步枪弹。

基本参数	
口径	7.62 毫米
全长	1010 毫米
枪管长	502 毫米
重量	8.2 千克
弹容量	100/200 发
相关简介	

研发历史

20 世纪 90 年代，美国陆军以 M240 机枪（FN MAG 通用机枪的美军制式版本）全面取代已经长时间服役的 M60 通用机枪，但是美国海军特种部队对 M240 机枪的战术性能并不看好，因此，在 2001 年提出了新的轻武器研发计划，当年 3 月，美国特种作战司令部批准该计划，并于 9 月下旬向比利时国营赫斯塔尔公司提出新机枪的研制要求。于是，比利时国营赫斯塔尔公司便在 Mk 46 机枪的基础上将口径增大到 7.62 毫米，形成了 Mk 48 通用机枪。目前，该枪正在美国特种作战司令部辖下的多个特种部队服役。

实战性能

由于 Mk 48 通用机枪主要供特种部队使用，为了提高战术性能，在机枪上装有 5 条战术导轨，能够安装各种枪支战术组件，包括各类瞄准镜和前握把等。Mk 48 通用机枪的两脚架连接在导气活塞同上，为内置整体式，并有连接三脚架的配接器。该枪的枪托为固定聚合物枪托，也有一些型号的 Mk 48 通用机枪使用了伞兵型旋转伸缩式管形金属枪托。虽然 Mk 48 通用机枪比 5.56 毫米口径的 M249 轻机枪要重，但是与同口径的 M240 通用机枪相比还是要轻上不少。

趣味小知识

Mk48 机枪装有提把，能够在不使用辅助设备的情况下快速更换枪管，这种设计对枪管容易因长时间射击而变热的机枪来说非常有用，能够提高机枪的使用效率。

M240 通用机枪

M240 是美国军队对比利时 FN MAG 通用机枪的官方编号，1977 年开始服役，发射 7.62×51 毫米北约标准步枪弹。

基本参数	
口径	7.62 毫米
全长	1263 毫米
枪管长	630 毫米
重量	12.5 千克
枪口初速	853 米 / 秒
相关简介	

研发历史

20 世纪 70 年代，美军一直在寻找用于装甲战斗车辆的新型 7.62 毫米机枪。在对多种中型 / 通用机枪进行评估以后，最后两名竞标者就是 M60E2 通用机枪和 FN MAG 通用机枪，后者在 1977 年美国陆军机枪竞标中成功中标，并被命名为 M240 通用机枪。20 世纪 80 年代，M240 通用机枪开始取代美军原来的旧型号车载机枪及同轴机枪的角色。之后，又衍生出 M240B 和 M240G 步兵用机枪。20 世纪 90 年代后期，M240 通用机枪被美国陆军步兵采用。

实战性能

M240 通用机枪可作轻、重机枪使用，战术用途广，结构坚固，动作可靠。该枪具有很高的通用性，可直接使用两脚架，也可装上 M122A1 三脚架，还可以安装在车辆或者飞机上使用。M240 通用机枪所有的衍生型都是以可散式弹链作为其供弹方式，并且能够发射各个种类的 7.62 毫米北约口径弹药。

趣味小知识

在 2007 年科幻电影《变形金刚》中，M240 通用机枪安装在“悍马”装甲车和 UH-60“黑鹰”直升机上并且被美军士兵所使用。

M870 霰弹枪

M870 霰弹枪是由美国雷明顿公司于 20 世纪 50 年代研制的一款泵动霰弹枪，在军队、警队及民间市场颇为常见。

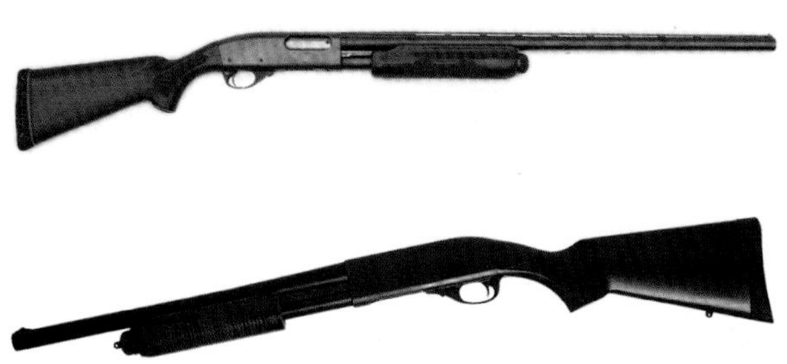

研发历史

M870 霰弹枪是雷明顿公司四种泵动霰弹枪的一种，其设计者约翰·本德森曾与美国著名枪械设计师约翰·勃朗宁一起设计出 Model 31 霰弹枪，但此枪的订单量少于温彻斯特 M1912。为了取得更佳的市场占有率，雷明顿公司在 20 世纪 50 年代推出了坚固耐用、价格低廉的 M870 霰弹枪。从 20 世纪 50 年代初至今，它一直在美国军队和执法单位中服役。

基本参数	
口径	18.5 毫米
全长	1060 毫米
枪管长	533 毫米
重量	3.5 千克
弹容量	8 发
相关简介	

实战性能

M870 采用推拉式枪机、双动式结构、内部击锤设计，枪管内延长式枪机闭锁。该枪的结构紧凑，价格合理，在恶劣气候条件下的耐用性和可靠性较好。尤其是改进型 M870 霰弹枪，采用了许多新工艺和附件，性能进一步提升。在突击进入建筑或防守时，M870 霰弹枪具有超高的性能，受到常规部队和特种部队的青睐。

趣味小知识

在美国民间，M870 霰弹枪也是热门武器，广泛用于狩猎、家庭防卫以及开锁。

M203 榴弹发射器

M203 榴弹发射器是美国研制的单发下挂式榴弹发射器，主要对应 M16 突击步枪及 M4 卡宾枪，其衍生型可对应其他多种步枪，也可装上手枪握把及枪托独立使用。

装在 M16 突击步枪上的 M203 榴弹发射器

装有 M203 榴弹发射器的 M4 卡宾枪

研发历史

1967 年 7 月，美国陆军武器研究部门宣布了一项名为"榴弹发射器附件研究"（GLAD）的研究计划，明确要求发展一种代替 XM148 的榴弹发射器。经过对比试验后，美国陆军于 1968 年 11 月决定试用 AAI 公司的榴弹发射器，并命名为 XM203。经过少量改进后，XM203 在 1970 年 8 月被正式命名为 M203。之后，M203 榴弹发射器开始装备美军部队，彻底取代 M79 榴弹发射器及 XM148 榴弹发射器。

基本参数	
口径	40 毫米
全长	380 毫米
枪管长	305 毫米
重量	1.36 千克
枪口初速	76 米 / 秒
相关简介	

实战性能

M203 榴弹发射器下挂在步枪的护木下方，发射器的扳机在步枪弹匣前面，发射时用弹匣充当握把，附有可分离式的象限测距瞄准具及立式标尺。装填弹药时，先按下枪管锁钮让枪管前进，便可从枪管后方装填弹药，一旦让枪管恢复原位，撞针便会进入待发模式，之后瞄准并扣下扳机，即可发射榴弹。M203 榴弹发射器令士兵的榴弹发射器与步枪结合，以单一武器发射子弹及榴弹，降低了士兵的装备重量。

趣味小知识

M203 榴弹发射器可发射高爆弹、人员杀伤弹、烟幕弹、鹿弹、照明弹、气体弹及训练弹，在发射 40×46 毫米榴弹时，有效射程为 150 米，最大射程为 400 米。

M320 榴弹发射器

M320 榴弹发射器是德国黑克勒·科赫公司为美国军队研制的一款单发 40 毫米榴弹发射器，正式名称为“M320 榴弹发射器模组”。

研发历史

21 世纪初期，美国陆军要求以新的 40 毫米单发榴弹发射器替换日渐老旧的 M203 榴弹发射器，多家公司参与了竞标。2006 年，成功中标的德国黑克勒·科赫公司提供其设计的 XM320 榴弹发射器给美军试验，完成试验后改称为 M320 榴弹发射器，2008 年开始批量生产，2009 年开始服役。

基本参数	
口径	40 毫米
全长	285 毫米
枪管长	215 毫米
重量	1.27 千克
枪口初速	76 米 / 秒
相关简介	

实战性能

M320 榴弹发射器与 M203 榴弹发射器的运作原理相似，与 M203 一样，M320 可安装在 M16 突击步枪、M4 卡宾枪上，位于枪管底下、弹匣前方。不过，M320 拥有整体式握把，无须以弹匣充当握把。目前，独立使用版的 M320 配有火控系统及类似 MP7 冲锋枪的开合式前握把。M320 的弹膛向左打开，可发射 M203 的所有弹药，如高爆弹、人员杀伤弹、烟幕弹、照明弹及训练弹，甚至新型的长身弹药及非致命弹药。M320 拥有双动扳机及两边可操作的安全装置，比 M203 更加灵活。

趣味小知识

M320 榴弹发射器的设计基于黑克勒·科赫公司的 HK AG36 榴弹发射器（下挂于 HK G36），但不完全相同，M320 下挂于枪管底下，HK AG36 则安装在护木下方。

装在 M4 卡宾枪上的 M320 榴弹发射器

Mk 13 Mod 0 榴弹发射器

Mk 13 Mod 0 榴弹发射器是比利时国营赫斯塔尔公司为 FN SCAR 突击步枪配套研制的单发下挂式榴弹发射器，也可通过增加手枪握把及枪托配件改装成一个独立的肩射型榴弹发射器，发射 40×46 毫米低速榴弹。

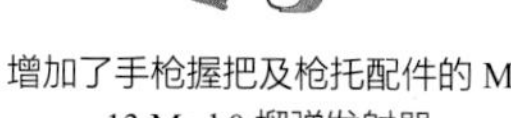

增加了手枪握把及枪托配件的 Mk 13 Mod 0 榴弹发射器

安装在 FN SCAR 突击步枪上的 Mk 13 Mod 0 榴弹发射器

基本参数	
口径	40 毫米
全长	673 毫米
枪管长	244 毫米
重量	2.69 千克
弹容量	1 发
相关简介	

研发历史

1995 年，赫斯塔尔公司推出采用模块化设计的 FN F2000 步枪，其枪管下方可以加装 GL1 下挂式榴弹发射器模块，颜色及外观设计与 FN F2000 步枪融为一体。2004 年，赫斯塔尔公司研制的 FN SCAR 步枪也采用模块化设计，并加装有下挂式榴弹发射器组件，这个榴弹发射器正是以 GL1 为蓝本改进而成，FN 公司内部命名为“增强型榴弹发射器组件”（Enhanced Grenade Launcher Module，EGLM），对外称为 FN 40GL。美军将 FN SCAR 正式定型为 Mk 16/Mk 17 后，FN 40GL 也被定型为 Mk 13 Mod 0。

实战性能

Mk 13 Mod 0 榴弹发射器由机匣、枪管、纯双动操作扳机座组成。其军用标准的坚硬铝合金制造枪管表面具有哑光黑的耐腐蚀处理，因此，有高耐用性和重量轻等优势。与德国黑克勒·科赫公司的 HK AG36、AG-C/EGLM 及 M320 榴弹发射器枪管尾端只能向左侧摆出的结构相比，Mk 13 Mod 0 的膛室打开方式更方便，无论何种射击姿势或何种射击位置，均可方便地以自己顺手的方式打开膛室。在激烈的战场环境中，无论以何种射击姿势都可以轻易地从膛室装弹和退弹，这种两侧都能摆动的侧摆式结构具有十分明显的优势。

趣味小知识

Mk 13 Mod 0 榴弹发射器的枪管采用侧摆式中折式装填结构，枪管尾端可向左侧或右侧摆动以打开膛室，进行装弹或退壳操作，无论左、右手的射手都可以灵活地操作。

Mk 19 榴弹发射器

Mk 19 榴弹发射器是美军从 20 世纪 60 年代装备至今的一款 40 毫米口径的全自动榴弹发射器，除美军普通部队和特种部队使用外，还出口近 20 个国家。

研发历史

基本参数	
口径	40 毫米
全长	1090 毫米
枪管长	413 毫米
重量	35.2 千克
枪口初速	240 米 / 秒
相关简介	

Mk 19 榴弹发射器于 1966 年开始研制，1968 年开始批量生产。在越南战争中，Mk 19 榴弹发射器是美国海军巡逻艇上的武器之一，其后美国陆军也有装备并做出改良。Mk 19 榴弹发射器的可靠性令它成为美军各种载具的主要武器，如“悍马”装甲车、“斯特赖克”装甲车、两栖突击载具、全地型车辆、突击快艇、巡逻艇、直升机等。

实战性能

Mk 19 榴弹发射器发射 40 × 53 毫米榴弹，理论射速为 375 ~ 400 发 / 分，实际射速 40 ~ 60 发 / 分。Mk 19 榴弹发射器可由 2 人以上的步兵携带，也可安装在车辆上，其常用弹药为 M430 多用途高爆弹，具有 5 米致死范围及 15 米的伤害范围，对付步兵尤其有效，也可在直射时击穿 66 毫米厚的均质装甲，因此 Mk 19 榴弹发射器在一定范围可对抗装甲运兵车，甚至是步兵战车。

趣味小知识

Mk 19 榴弹发射器所发射的弹药最小引爆距离为 75 米，其消焰器可以有效散去发射时喷出的烟雾，以免被敌人发现。夜间作战时，机匣顶部可安装 AN/TVS-5 夜视镜。

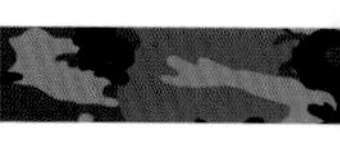

Mk 47 榴弹发射器

Mk 47 榴弹发射器是美国于 21 世纪初研制的一款 40 毫米自动榴弹发射器，也被称为“打击者 40”（Striker 40），2005 年开始服役。

基本参数	
口径	40 毫米
全长	940 毫米
枪管长	610 毫米
全高	205 毫米
重量	18 千克
相关简介	

研发历史

2006 年 7 月，通用动力公司获得价值 2300 万美元的 Mk 47 Mod 0 生产合约，其生产工作由通用动力公司在缅因州索科市的工厂完成。在此期间，通用动力公司与雷神公司就研制 Mk 47 榴弹发射器的轻量化视像瞄准设备展开了合作。同年，美国特种作战司令部少量采用 Mk 47 榴弹发射器，这批武器被命名为“先进轻型自动榴弹发射器”（Advanced Lightweight Grenade Launcher，ALGL），并在阿富汗和伊拉克投入实战使用。2009 年 2 月，通用动力公司再度获得价值 1200 万美元的 Mk 47 榴弹发射器生产合约。

实战性能

Mk 47 榴弹发射器配备了先进的检测、瞄准和电脑程序技术。该武器的轻量化视像瞄准设备是由雷神公司所生产，而其尖端的火控系统采用了最先进的激光测距系统、I2 夜视系统和弹道电脑技术。除了能够像 Mk 19 榴弹发射器一样发射所有北约标准的高速 40 毫米榴弹以外，Mk 47 还可发射能够在设定距离进行空爆的 MK285 聪明榴弹，其自动化的瞄准设备能够让用户自行设定距离。

趣味小知识

Mk 47 榴弹发射器对于现代步兵在攻击、防卫或者巡逻等情况下都非常有用，可以对敌方步兵突袭做出快速反应。

FIM-92“毒刺”防空导弹

FIM-92“毒刺”（FIM-92 Stinger）导弹是美国研制的一款单兵近程防空导弹，主要用于战地前沿或要地的低空防御，美国特种部队也将其作为防空武器。

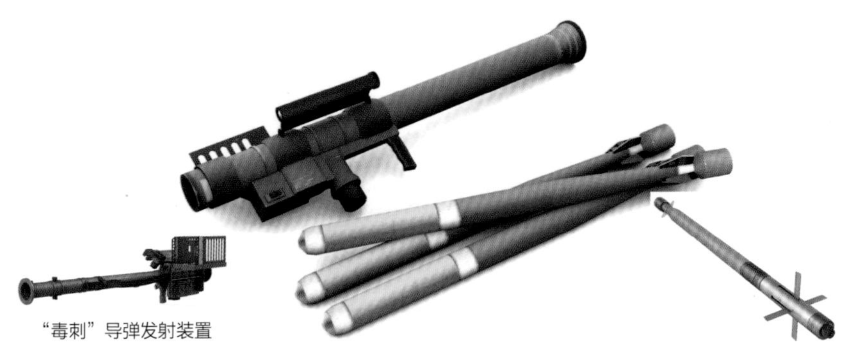

“毒刺”导弹发射装置

“毒刺”导弹

研发历史

1971 年，美国陆军选择了“红眼睛”II 型当作未来的便携式防空导弹，型号为 FIM-92。随着计划的升级，1972 年 3 月，“红眼睛”II 型被重新命名为“毒刺”，被称为第二代便携式防空导弹。“毒刺”设计使用 1 个更灵敏的导引头和拥有更好的动力学性能，增加迎头交战能力和 1 个综合“敌我识别”（IFF）系统。该导弹于 1973 年 11 月开始制导测试，但是因为技术上的问题暂停和重新启动几次。1978 年，“毒刺”导弹开始批量生产。

基本参数	
口径	70 毫米
全长	1520 毫米
重量	15.19 千克
弹头重量	3 千克
最高速度	2695 千米 / 时
相关简介	

实战性能

“毒刺”导弹设计为一种防御型导弹，虽然官方要求 2 人 1 组操作，但是单人也可操作。与 FIM-43“红眼睛”导弹相比，“毒刺”导弹有两个优势：一是采用第二代冷却锥形扫描红外自动导引弹头，提供全方位探测和自导引能力，具有“射后不理”能力；二是“毒刺”导弹装有敌我识别系统，当友军和敌军飞机在同一空域时，这是一个非常明显的优势。“毒刺”导弹也可装在“悍马”装甲车改装的平台上，或者 M2 步兵战车上。此外，也可以由伞兵携带，快速部署于敌军后方。

趣味小知识

1 套“毒刺”导弹系统由发射装置组件和 1 枚导弹、1 个控制手柄、1 部敌我识别（IFF）询问机和一个“氩气体电池冷却器单元”（BCU）组成。

FGM-148“标枪”反坦克导弹

FGM-148“标枪”（FGM-148 Javelin）导弹是美国德州仪器公司和马丁·玛丽埃塔公司联合研发的一款单兵反坦克导弹，现由雷神公司和洛克希德·马丁公司生产。

“标枪”导弹发射装置

“标枪”导弹

研发历史

FGM-148“标枪”导弹于1989年开始研制，研制工作由德州仪器公司和马丁·玛丽埃塔公司共同完成，1994年开始批量生产，1996年正式服役，取代控制手段落后的M47“龙”式反坦克导弹。FGM-148“标枪”导弹曾用于2003年的伊拉克战争，并对伊拉克的T-72坦克和69式坦克造成巨大威胁。在美国军队中，不仅普通部队大量装备FGM-148“标枪”导弹，特种部队也非常喜爱这种武器。

基本参数	
口径	130毫米
全长	1100毫米
重量	22.3千克
弹头重量	8.4千克
最高速度	1400千米/时
相关简介	

实战性能

FGM-148“标枪”导弹是世界上第一种采用焦平面阵列技术的便携式反坦克导弹，配备了1个红外线成像搜寻器，并使用两枚锥形装药的纵列弹头，前一枚引爆任何爆炸性反应装甲，主弹头贯穿基本装甲。该导弹是一种“射前锁定、射后不理”导弹，对装甲车辆采用顶部攻击的飞行模式，攻击一般而言较薄的顶部装甲，但也可以用直接攻击模式攻击建筑物或防御阵地，直接攻击模式时也可以用以接战直升机。顶部攻击时的飞高可达150米，直接攻击时则是50米。FGM-148“标枪”导弹系统的缺点在于重量大，射程较近。

趣味小知识

FGM-148“标枪”导弹可轻易将主要部件分拆，并在需要时轻易组装，其软发射能力使它具有较小的后焰，能从多种建筑物内发射。

AT-4 反坦克火箭筒

AT-4 反坦克火箭筒是瑞典萨博·博福斯动力公司生产的一种单发式单兵反坦克武器，它取代了美国及北约武器库内的 M72 LAW 火箭筒。

历史回顾

20 世纪 70 年代末，瑞典军方为了替换老式的 60 毫米火箭筒，开始了 AT-4 火箭筒的研究计划。AT-4 火箭筒由瑞典佛伦内德制造厂（现萨博·博福斯动力公司）设计，在瑞典军方还没有决定正式采用时，它就参加了美国陆军在 1983 年举行的步兵反坦克火箭的竞标，并击败众多对手，成为最后的赢家。1985 年 9 月，美国陆军正式决定订购 27 万具 AT-4 火箭筒，以取代之前装备的 M72 LAW 火箭筒。之后，美国阿利安特技术设备公司获得了特许生产权。

基本参数	
口径	84 毫米
全长	1020 毫米
重量	6.7 千克
初速	290 米 / 秒
有效射程	300 米
相关简介	

实战性能

AT-4 火箭筒重量轻，携行方便，使用简单，操纵容易，射手无须长时间培训。采用无坐力炮原理发射，发射特征不明显，射击位置不易暴露。该火箭筒配用空心装药破甲弹，其战斗部的主装药为奥克托金（HMX），破甲厚度为 400 毫米，破甲后能在车体内产生峰值高压、高热和大范围的杀伤破片，并伴有致盲性强光和燃烧作用。引信的脱机雷管安全装置可防止意外起爆。

趣味小知识

AT-4 火箭筒是预装弹、射击后抛弃的一次性使用武器，主要部件包括发射筒、铝合金喷管、击发机构、简易机械瞄准具、肩托、背带和前后保护密封盖等。

卡尔·古斯塔夫无后坐力炮

卡尔·古斯塔夫无后坐力炮（Carl Gustav recoilless rifle）是由瑞典萨博·博福斯动力公司于20世纪40年代研制的一款单兵携带多用途无后坐力炮，美国陆军直到今天仍在使用。

研发历史

卡尔·古斯塔夫无后坐力炮是由雨果·艾布拉姆森（Hugo Abramson）和哈拉尔德·延森（Harald Jentzen）在瑞典皇家武器管理局研发，在卡尔·古斯塔夫城市步枪工厂生产，并且以该工厂命名的无后坐力炮。1948年，卡尔·古斯塔夫无后坐力炮首次装备于瑞典国防军。之后，卡尔·古斯塔夫无后坐力炮陆续被其他数十个国家采用，并推出了多种改进型。2014年2月，最新版本的M3型在美国陆军轻步兵部队中成为制式武器。

基本参数	
口径	84毫米
全长	1100毫米
重量	8.5千克
最大射速	6发/分
有效射程	1000米
相关简介	[QR code]

实战性能

卡尔·古斯塔夫无后坐力炮可以站立、跪、坐或俯卧位射击，并可以在枪托组件的前面装上两脚式支架以固定于地面及射击。这款武器通常由1个人为1小队并且一起协助操作，其中1人负责携带武器和射击，另1人则负责携带弹药并且协助重新装填。M3型保持了卡尔·古斯塔夫无后坐力炮用途广、性能强的特点，可发射多种弹药。M3型的最大优点在于重量大幅减轻，其全重由M2-550型的18千克降到8.5千克。

趣味小知识

卡尔·古斯塔夫无后坐力炮M3型发射FFV597破甲弹时可击穿900毫米厚均质装甲，能对付现代先进的主战坦克。

M18A1“阔刀”地雷

M18A1“阔刀”（M18A1 Claymore）地雷是美国莫顿·锡欧克尔公司于20世纪60年代研制的一种定向人员杀伤地雷，1960年开始服役。

研发历史

M18A1“阔刀”地雷的前身为美国于20世纪50年代研制的M18地雷，该地雷长216毫米，宽35.5毫米，高81.3毫米，重1.59千克。里面包含增强杀伤力的700粒钢珠和680克C4塑胶炸药。而作为M18的改进型，M18A1“阔刀”地雷不论是外形还是结构都与第一代M18相似，1个简易的瞄准具。M18A1“阔刀”地雷于1960年开始服役，截至2019年仍然是美军的重要武器。

基本参数	
全长	216毫米
全宽	38毫米
重量	1.6千克
初速	1200米/秒
有效范围	50米
相关简介	

实战性能

M18A1“阔刀”地雷的引爆方式主要是电缆控制、绊发，内有预制的破片沟痕，在爆炸后，破片会向预定的方向飞出，地雷内藏的钢珠数量巨大，可对攻击目标造成极大的伤害。据美军地雷手册介绍，M18A1“阔刀”地雷的爆炸杀伤范围为前方50米，以60度广角的扇形范围扩散。高度为2～2.4米。内置的钢珠最远可飞到250米外，其中100米左右距离为中度杀伤范围。此外，M18A1“阔刀”地雷还有很好的防水性，即便在水中浸泡2小时仍能正常使用。

趣味小知识

M18A1“阔刀”地雷的使用范围较广，不但可以埋设在路面上，还可以挂在树干和木桩上作为“诡雷”使用。

M67 手榴弹

M67 手榴弹是美国于 20 世纪 60 年代研制的一款碎片式手榴弹，1968 年开始服役。因为形状的缘故，M67 手榴弹被昵称为“苹果”。

研发历史

M67 手榴弹是在 M33 防御型手榴弹基础上改进而成，与 M33 防御型手榴弹不同之处是多了一个保险夹。M67 手榴弹于 1968 年开始批量生产，同年正式服役。截至 2016 年，M67 手榴弹仍在生产。目前，M67 手榴弹作为美国陆军的标准手榴弹之一，特种部队在必要时也会使用，主要用于防御作战时杀伤有生目标。

基本参数	
直径	64 毫米
全长	90 毫米
重量	397 克
装药重量	180 克
杀伤范围	15 米
相关简介	

实战性能

M67 手榴弹由弹体和引信组成。球形弹体用钢材制成，内装 B 炸药（Composition B）。引信为 M213 式延时引信。引信保险机构上有一个保险夹，可防止保险销被意外拉出，从而避免事故的发生，保险夹为 S 形，用弹簧钢丝制成，一端套在引信体上，另一端夹住保险杆。M67 手榴弹可以轻易投掷到 40 米以外，爆炸后由手榴弹外壳碎裂产生的弹片可以形成半径 15 米的有效范围，半径 5 米的致死范围。

趣味小知识

M67 手榴弹在使用时，必须先取下作为安全措施的保险夹，然后将整个手榴弹握在手心，紧紧握住安全握把，再拉掉圆形的保险拉环，此刻手榴弹处于待发状态。

M9 刺刀

M9 刺刀是美国军队装备的一款多用途刺刀，1986 年开始服役，取代了老旧的 M7 刺刀。

研发历史

基本参数	
全场	300 毫米
刃长	180 毫米
刃厚	6 毫米
锯齿长	75 毫米
重量	413 克
相关简介	

1986 年 10 月，美国陆军决定研制功能更强大的新型刺刀来替换功能单一的 M7 刺刀。军方通过招标方式广泛征集新型刺刀，最终由菲罗比斯公司中标。该公司设计的 XM9 原型刺刀，在严格的测试中，无论是人机工程学，还是功能性、实用性等方面均超过其他几家公司，而且是唯一能在所有测试项目中，损坏率均为零的样刀。美国陆军在提出一些小的改进后，于 1986 年 10 月授予菲罗比斯公司一份为期三年的军事采购合同。由于菲罗比斯公司没有实际生产能力，刺刀全部由美国巴克刀具公司生产，这也是最早的、做工最为精细的产品，陆军共有四代版本。此后，由于巴克刀具公司生产的 M9 刺刀成本高昂，美国军队转而装备兰卡和安大略刀具公司生产的 M9 刺刀。

实战性能

M9 刺刀的刀身使用 425M 钢材制造，厚度 6 毫米。表面涂层有暗灰色和纯黑色两种，刀刃部位经巴克刀具公司专业的热处理，非常锋利。M9 刺刀的刀背较长，锯齿坚利，角度合适，能锯断飞机壳体。刀身前部有一椭圆形过孔，能与刀鞘剪切板组成钳子，剪断铁丝网和电线。M9 刺刀的刀柄为圆柱形，用美国杜邦公司生产的橄榄绿色 ST801 尼龙制造，坚实耐磨。表面有网状花纹，握持手感好，而且绝缘。刺刀护手两侧有两个凹槽，具有开瓶器功能。

趣味小知识

M9 刺刀的刀鞘也用 ST801 尼龙制作。刀鞘上装有磨刀石，末端还有螺丝刀刃口，可作改锥使用。

OKC-3S 刺刀

OKC-3S 刺刀是美国海军陆战队在 21 世纪初正式采用、用以取代 M7 刺刀及作为 M16/M4 枪族的制式配备的一种多用途刺刀。

研发历史

21 世纪初，时任美国海军陆战队司令的詹姆斯・琼斯上将为了让海军陆战队增强肉搏战能力，制订了一系列严苛的训练计划，包括武术和白刃格斗。与此同时，海军陆战队还决定装备一种新的刺刀，取代老旧的 M7 刺刀。2002 年 12 月，海军陆战队开始对 30 余种不同的刀具进行评估。在测试中，安大略刀具公司的 OKC-3S 刺刀表现最佳，最终被选中。2003 年，OKC-3S 刺刀开始批量生产。

基本参数	
全长	330 毫米
刃长	200 毫米
刃厚	5 毫米
锯齿长	44.5 毫米
重量	570 克
相关简介	

实战性能

OKC-3S 刺刀具有与海军陆战队员的标志性卡巴刀相似的外观，但没有血槽。它比 M7 刺刀和 M9 刺刀更大、更厚和更重，能够贯穿现代军队中的多种防弹衣。刀身是由额定值为 53-58 HRC 的高碳钢所制造，能够在零下 32 摄氏度到 57 摄氏度的使用温度内正常使用而不会破损。OKC-3S 刺刀的刀鞘和握柄是彩色的，以配合海军陆战队的狼棕褐色设备，兼容林地和沙漠两地的迷彩。握柄由合成防滑材料制造，具有符合人体工程学的开槽。这种设计有助于海军陆战队员在训练时防止重复性紧张损伤和手部疲劳。

趣味小知识

OKC-3S 刺刀设有美国海军陆战队标志的浮雕，让使用者在黑暗中识别出刀刃的方向。

Buck 184 求生刀

Buck 184 求生刀是美国巴克公司于 20 世纪 80 年代设计的一款求生刀，1984 年开始生产。

研发历史

基本参数	
全长	315 毫米
刃长	190 毫米
刃厚	7.4 毫米
锯齿长	75 毫米
重量	730 克
相关简介	

Buck 184 求生刀于 1984 年开始生产，并将首批 2600 把提供给美国海军"海豹"突击队使用。这批提供给"海豹"突击队的 Buck 184 在刀刃靠近护手的地方印着"BUCK，184，U.S.A."的标记。1985 年，Buck 184 求生刀的设计被申请了专利，其标记也变成了"BUCK，184，U.S.A.，PAT. PEND."。到 1997 年停产时，Buck 184 求生刀共生产了约 11 万把。

实战性能

Buck 184 采用高碳不锈钢制成，有黑色和灰色两种，表面均经过喷砂处理。刀刃采用 425 Mod 钢材制成，并经 2 次淬火热处理，带有背齿。其背齿为 9 个向后倾斜的锯齿，可用于锯木头、金属和冰，还可用来掰断铁丝。Buck 184 刀背前部约 92 毫米的长度上，开了成弧形带齿的刃口，是为切割绳索而设计。Buck 184 的刀刃开锋比较精细，较 M9 刺刀的开刃角度小，所以也比 M9 刺刀要锋利得多。Buck 184 的刀鞘为加固处理的黑色硬玻璃纤维制成，鞘内有片簧，使刀插在鞘内时不会自由晃动发出噪声。

趣味小知识

Buck 184 的护手极具特色，整个护手与刀刃方向垂直，两端略上翘，接近两端的位置各有一个用于安装圆钉的螺孔，为了保证圆钉和护手的连接强度，护手的厚度超过了 6 毫米。

Chapter 07

无人武器

无人武器是指无人驾驶的、完全按遥控操作或者按预编程序自主运行的作战武器。美军很早就意识到无人武器在侦察预警、火力支援和后勤保障等领域的重要作用，所以陆续研制了大量用途各异的无人武器。

MQ-1“捕食者”无人攻击机

MQ-1“捕食者”（MQ-1 Predator）攻击无人机是通用原子技术公司研制的，1995 年开始装备美国空军。

MQ-1 无人攻击机头部特写

MQ-1 无人攻击攻击机

MQ-1 无人攻击机传感器特写

研发历史

1994 年 1 月，美国通用原子技术公司取得“先进概念技术验证机”计划的研制合同。1994 年 7 月，原型机成功进行首次试飞。1995 年年初，被命名为 RQ-1 的新型无人机进入美国空军服役。2001 年，RQ-1 无人机携带 AGM-114“地狱火”导弹和 FIM-92“刺针”导弹试飞成功，装备了武器的“捕食者”无人攻击机被重新命名为 MQ-1。自服役以来，“捕食者”无人攻击机参加过阿富汗、波斯尼亚、塞尔维亚、伊拉克、也门和利比亚的战斗。

基本参数	
长度	8.22 米
高度	2.1 米
翼展	14.8 米
重量	512 千克
最高速度	217 千米 / 时
相关简介	

实战性能

MQ-1 无人攻击机可在粗略准备的地面上起飞升空，起降距离约 670 米，起飞过程由遥控飞行员进行视距内控制。在回收方面，MQ-1 无人攻击机可以采用软式着陆和降落伞紧急回收两种方式。MQ-1 无人攻击机可以在目标上空逗留 24 小时，对目标进行充分的监视，最大续航时间长达 60 小时。该机的侦察设备在 4000 米高处的分辨率为 0.3 米，对目标定位精度达到极为精确的 0.25 米。MQ-1 无人攻击机有两个挂架，可携带两枚 AGM-114“地狱火”导弹或 FIM-92“刺针”导弹。

趣味小知识

2001 年，一架 MQ-1 无人攻击机成功发回了本·拉登手下一名高级军官藏身地点的实时视频信号，随后多架 F-15E 战斗轰炸机轰炸了这一地区，杀死了这名军官。同年，MQ-1 无人攻击机首次在实战中发射导弹摧毁了 1 辆塔利班坦克。

RQ-4“全球鹰”无人机

RQ-4“全球鹰”（RQ-4 Global Hawk）无人机是美国诺斯洛普·格鲁曼公司研制的无人侦察机，可以为后方指挥官提供综观战场或监视局部目标的能力。

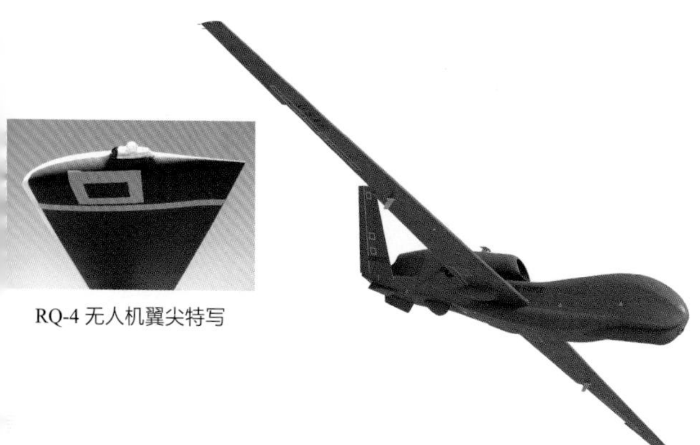

RQ-4 无人机翼尖特写

RQ-4 无人机头部特写

研发历史

RQ-4 无人机于 1995 年开始研制，1998 年 2 月 28 日首次飞行，1999 年 6 月至 2000 年 6 月是 RQ-4 无人机在美军组织下的部署和评估阶段。2000 年 6 月，完整的 RQ-4 无人机系统被部署到爱德华兹空军基地。2001 年 4 月 22 日，RQ-4 无人机完成了从美国到澳大利亚的越洋飞行。

基本参数	
长度	13.5 米
高度	4.6 米
翼展	35.4 米
重量	3850 千克
最高速度	650 千米 / 时
相关简介	

实战性能

RQ-4 无人机是一种巨大的无人机，其翼展和一架中型客机相近。机身为平常的铝合金，机翼则是碳纤维。该机的机载燃料超过 7 吨，自主飞行时间长达 41 小时，可以完成洲际飞行。它可在距发射区 5556 千米的范围内活动，可在目标区上空 18300 米处停留 24 小时。RQ-4 无人机装有高分辨率合成孔径雷达（SAR），还有光电红外线模组（EO/IR），提供长程长时间全区域动态监视。RQ-4 无人机还可以进行波谱分析的谍报工作，提前发现全球各地的危机和冲突，也能协助导引空军的导弹轰炸，使误击率降低。

趣味小知识

整个“全球鹰”系统分为 4 个部分，即机体、侦测器、航空电子系统、资料链。地上部分主要有两大部分，即发射维修装置（LRE）和任务控制装置（MCE）。

MQ-8“火力侦察兵”无人机

MQ-8“火力侦察兵”（MQ-8 Fire Scout）无人机是诺斯洛普·格鲁曼公司研制的垂直起降无人机，2009 年开始服役。

MQ-8 无人机机鼻传感器特写

MQ-8 无人机旋翼桨毂特写

研发历史

1998 年 11 月，美国海军提交了发展舰载垂直起降战术无人机的作战需求文件，并于 1999 年 8 月开始招标，诺斯洛普·格鲁曼公司的方案打败了贝尔直升机公司和西科斯基直升机公司的方案。美国海军通过这项计划发展出了 RQ-8A 无人机，后来又研制出了功能更加强大的 RQ-8B 无人机。2005 年，RQ-8B 无人机的编号被改为 MQ-8B。目前，诺斯洛普·格鲁曼公司正在研制更加先进的 MQ-8C 无人机。

基本参数	
长度	7.3 米
高度	2.9 米
翼展	8.4 米
重量	940 千克
最高速度	213 千米 / 时
相关简介	

实战性能

MQ-8 无人机可在战时迅速转变角色，执行包括情报、侦察、监视、通信中继等在内的多项任务。同时，这种做法还可为今后进行升级改造预留充足的载荷空间。MQ-8 无人机具备挂载“蝰蛇打击”智能反装甲滑翔弹和“九头蛇”低成本精确杀伤火箭的能力，也可以使用“地狱火”导弹和以色列拉斐尔公司的“长钉”导弹。

趣味小知识

2005 年 7 月，MQ-8B 分别以 74 千米 / 时和 96 千米 / 时的飞行速度，成功地试射了两枚 Mk66 型 70 毫米无制导火箭。这是无人旋翼机首次自主完成实装发射，标志着 MQ-8 无人机在武器化进程中迈出了重要一步。

MQ-9“收割者”无人攻击机

MQ-9“收割者”（MQ-9 Reaper）无人机是通用原子技术公司研发的无人攻击机，主要为地面部队提供近距空中支援，也可以在危险地区执行持久监视和侦察任务。

MQ-9 无人机尾部特写

MQ-9 无人机头部特写

研发历史

1994 年 1 月，美国通用原子技术公司获得了美国空军“中高度远程‘捕食者’无人机”计划的合同。在竞争中击败诺斯洛普·格鲁曼公司后，通用原子技术公司于 2002 年 12 月正式收到美国空军的订单，制造 2 架“捕食者”B 型无人机，之后正式命名为 MQ-9“收割者”。截至 2019 年 4 月，美国空军已经装备了超过 160 架 MQ-9 无人机。

基本参数	
长度	11 米
高度	3.8 米
翼展	20 米
重量	2223 千克
最高速度	482 千米 / 时
相关简介	

实战性能

MQ-9 无人机装备有先进的红外设备、电子光学设备，以及微光电视和合成孔径雷达，拥有不俗的对地攻击能力，并拥有卓越的续航能力，可在战区上空停留数小时之久。此外，MQ-9 无人机还可以为空中作战中心和地面部队收集战区情报，对战场进行监控，并根据实际情况开火。相比 MQ-1 无人机，MQ-9 无人机的动力更强，飞行速度可达 MQ-1 无人机的 3 倍，而且拥有更大的载弹量，装备 6 个武器挂架，可搭载“地狱火”导弹和 500 磅炸弹等武器。

趣味小知识

2016 年 5 月 22 日，美军联合特种作战司令部操控的 MQ-9 无人机对车里的塔利班最高领导人阿赫塔尔·穆罕默德·曼苏尔发射了 2 枚“地狱火”导弹，曼苏尔当场死亡。

X-37B 无人太空飞机

X-37B 无人太空飞机是美国波音公司研制的世界上第一架既能在地球轨道上飞行，又能进入大气层的无人航空器，同时结束任务后还能自动返回地面，被认为是未来太空战斗机的雏形。

基本参数	
长度	8.9 米
高度	2.9 米
翼展	4.5 米
重量	35000 千克
轨道速度	28044 千米 / 时
相关简介	

研发历史

1998 年，美国国家航空航天局的马歇尔研究中心提出了 Future-X 计划，其结果就是X-37A 无人太空飞机。2006 年 11 月，美国空军宣布将在 X-37A 的基础上发展 X-37B 无人太空飞机。2010 年 4 月 22 日，X-37B 进行首次轨道试验。2014 年 10 月 17 日，X-37B 完成连续飞行 674 天的试验。2015 年 5 月，X-37B 再次升空，开始第四次航行任务。2017 年 5 月，X-37B 降落于肯尼迪太空基地，共飞行了 718 天打破了自身纪录。

实战性能

X-37B 无人太空飞机的发射方式多样，它不但可以装在“宇宙神”火箭的发射罩内发射，还可从佛罗里达的卡纳维拉尔角起飞。该机体积虽小，但功能齐全，有 1 个与航天飞机相似的背部载荷舱，尺寸与皮卡车的后货箱相当，载荷能力约 2 吨，内置货舱可以搭载小型机械臂，抵达轨道后可展开轨道作业，如抓取敌方在轨卫星、破坏航天器、释放小型载荷等。为了满足 X-37B 无人太空飞机的在轨能源需求，还配备了太阳能电池板，可提供不间断的电力供应。

趣味小知识

X-37B 无人太空飞机在绕地球飞行之后，能够自行在美国加利福尼亚州降落，它可能使用范登堡空军基地长 4600 米、宽 61 米的跑道着陆，该基地也是航天飞机的紧急着陆场。

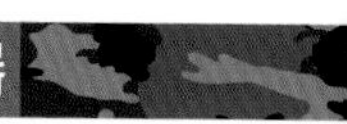

X-47B“咸狗”无人战斗机

X-47B“咸狗”（X-47B Salty Dog）无人机是诺斯洛普·格鲁曼公司研制的试验型无人战斗航空器，2011 年 2 月首次试飞。

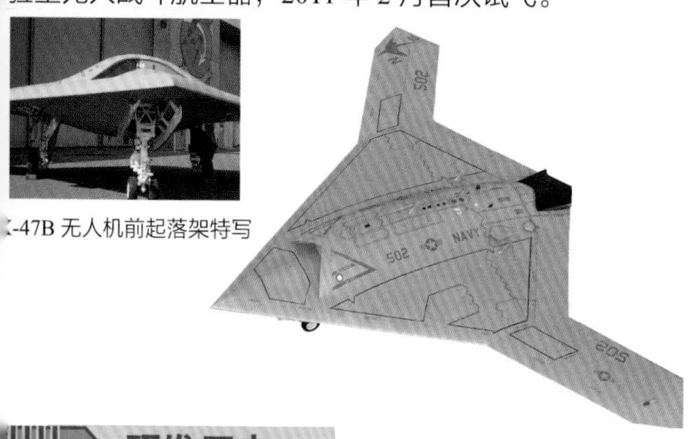

X-47B 无人机前起落架特写

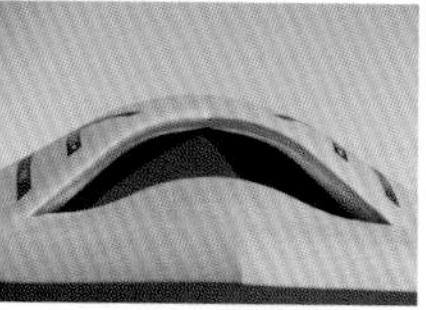

X-47B 无人机顶部特写

基本参数	
长度	11.63 米
高度	3.1 米
旋翼	18.92 米
重量	6350 千克
巡航速度	1103 千米 / 时
相关简介	

研发历史

2011 年 2 月 4 日，X-47B 无人机在爱德华兹空军基地完成首飞测试。2013 年 5 月 14 日，X-47B 无人机在“布什”号航空母舰上成功进行起飞测试，并于 1 小时后降落马里兰州帕图森河海军航空站。同年 7 月 10 日，X-47B 无人机从马里兰州帕图森河海军航空站起飞，在“布什”号航空母舰上降落，完成着舰测试。2015 年 4 月 16 日，X-47B 无人机与 KC-707 空中加油机成功完成空中加油测试。2016 年 5 月初，美国国防部公布了 2017 年度预算案，“舰载监视与攻击无人机”（UCLASS）项目被调整为“舰载无人空中加油系统”（CBARS）项目，这意味着作为空中作战平台的 X-47B 无人机项目将被终止，取而代之的是带有 X-47B 血统的舰载无人加油机。

实战性能

X-47B 无人机最初被定位为舰载远程情报、监视、侦察无人平台，同时能对舰载有人作战平台进行补充，执行有限的对地打击任务。随着 X-47B 无人机的发展不断获得突破，它也被捧得越来越高，由于目标节节升级，难度步步加大，研制项目很难再继续进行下去。X-47B 无人机的时速只有 0.9 马赫左右，载荷能力不到 2 吨，作战半径为 3700 千米，而美军一直没有为 X-47B 无人机量身定制出小型化、精度高、威力足够的配套武器。在这种情况下，X-47B 无人机能勉强执行远程情报、监视和侦察任务，但无法应付长程对地攻击任务。

趣味小知识

X-47B 无人机创造了无人机历史上的多项第一：第一次在航空母舰上弹射起飞；第一次在航空母舰上着舰；第一次与载人机在同一艘航空母舰上共同作业；第一次进行无人机空中自主加油试验。

“复仇者”无人战斗机

“复仇者”（Avenger）无人机是通用原子技术公司研制的一款隐身无人战斗机，2009 年 4 月首次试飞。

“复仇者”无人机尾翼特写

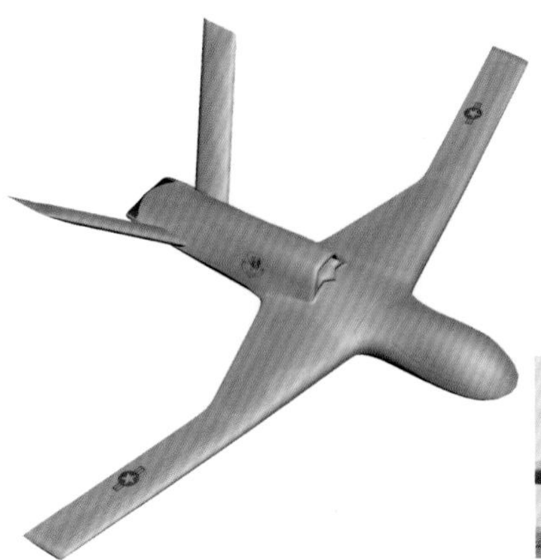

“复仇者”无人机头部特写

研发历史

“复仇者”无人战斗机是在 MQ-9“收割者”无人机的基础上研制而成，是为美国未来空战需求而开发的新型无人机。最初的研制代号为“捕食者 C”（Predator C）。原型机于 2009 年 4 月进行了首次试飞。截至 2019 年 5 月，“复仇者”无人战斗机仍旧没有正式服役。

基本参数	
长度	13.2 米
高度	3.4 米
翼展	20.1 米
最大起飞重量	9000 千克
最高速度	740 千米 / 时
相关简介	

实战性能

与美军以往的无人机相比，“复仇者”无人战斗机的飞行速度、隐身生存能力、战术反应能力和任务灵活性均有较大的改进。该机有一个长达 3 米的武器舱，可携带 227 千克级炸弹，包括 GBU-38 型制导炸弹制导组件和激光制导组件。另外还可以将武器舱拆掉，安装一个半埋式广域监视吊舱。在执行非隐身任务时，可在无人机的机身和机翼下挂装武器和其他任务载荷，包括附加油箱。

趣味小知识

“复仇者”无人机的动力装置为推力 17.75 千牛的 1 台惠普 PW545B 涡轮扇发动机。该发动机可让“复仇者”无人机的飞行速度达到 MQ-1“捕食者”无人机的 3 倍以上。

“幻影线”无人机

“幻影线”（Phantom Ray）无人机是美国波音公司研制的一款无人侦察机，2011 年 4 月首次试飞。

基本参数	
长度	11 米
翼展	15 米
最大起飞重量	16556 千克
巡航速度	988 千米 / 时
最大航程	2414 千米
相关简介	

研发历史

“幻影线”无人机是从 X-45C 项目演变而来的，波音公司希望将其打造成未来航空科技发展的试验平台。2010 年，波音公司在圣路易斯为这种新型无人机举行了隆重的揭幕仪式。2011 年 4 月 27 日，“幻影线”无人机首次试飞成功。该项目负责人丹尼斯·穆林伯格指出，作为未来尖端科技的试验平台，“幻影线”无人机可为军方提供包括情报、监视、侦察、压制敌方防空，实施电子攻击和自主空中加油在内的诸多作战选择。

实战性能

“幻影线”无人机采用典型的翼身融合和飞翼式布局设计，其最大亮点在于它的隐身性能。在外形上，“幻影线”无人机并没有传统飞机的水平尾翼和垂直尾翼，机身和机翼已高度融合在一起，这就大大减小了飞机整体的雷达反射截面。为了提高隐身性能，“幻影线”无人机的发动机被放置到了机翼的上方，且进气口和喷气口都深置于机翼之内，使雷达波难以照射。机翼后部形成了一个 W 形，可使来自飞机后方的探测雷达波无法反射回去。这些精细的外观与结构设计加上隐身材料的运用，可使“幻影线”有效地躲避敌方雷达的预警与监视，避免遭袭。

趣味小知识

“幻影线”无人机的工作高度可以达到 12192 米，比一般的商业飞机高出近 3000 米。

“海猎”号无人舰

“海猎”（Sea Hunter）号无人舰是美国国防部高级研究计划局（DARPA）主持研制的无人水面舰，主要用于反潜。

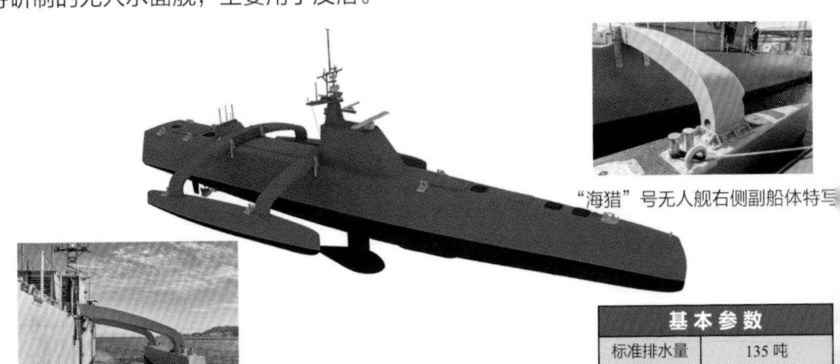

“海猎”号无人舰右侧副船体特写

“海猎”号无人舰右舷特写

基本参数	
标准排水量	135 吨
满载排水量	145 吨
长度	40 米
最大速度	31 节
最大航程	10000 海里
相关简介	

研发历史

“海猎”号无人舰的研制工作始于 2010 年 8 月，DARPA 意图研发一种用于持续跟踪潜艇的长航时无人水面航行器，最初称为“反潜战持续追踪无人艇”（ACTUV）。2014 年 9 月，DARPA 与海军研究办公室（ONR）签署协议，决定共同出资研发。2015 年 1 月 26 日，新舰在密西西比河完成操纵性能测试。2015 年秋季，开始在哥伦比亚河进行测试。2016 年 1 月 27 日，新舰开始在俄勒冈州的波特兰附近进行海上测试。2016 年 4 月 7 日，新舰正式命名为“海猎”号，之后开始进行为期 2 年的项目测试。

实战性能

“海猎”号无人舰采用三体船设计，具有无人自主驾驶、长时间巡航和自动搜索跟踪等技术优势，一旦该舰进入现役，将大幅提升美军反潜作战能力。“海猎”号安装有多部声呐和光电传感器，可综合运用雷达和探测系统对周边舰艇进行探测识别。该舰拥有优异的隐身性能和较强的对潜探测能力，可与濒海战斗舰组成混合舰队，弥补大型水面舰艇在浅水区对潜艇侦察的劣势。“海猎”号无人舰可与 P-8A 反潜巡逻机、MQ-4C 侦察机、反潜声呐浮标等组成传感器网络，用于全球海洋监视

趣味小知识

在五级海况下，“海猎”号无人舰可在海上自动连续执行反潜任务至少 70 天，按正常速度巡航，至少可在海上航行 10000 海里。

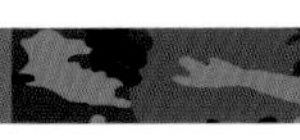

“海狐”无人潜艇

“海狐”（Sea Fox）无人潜艇是美国阿特拉斯电子公司研制的一款小型无人潜艇，可用于侦察和攻击任务。

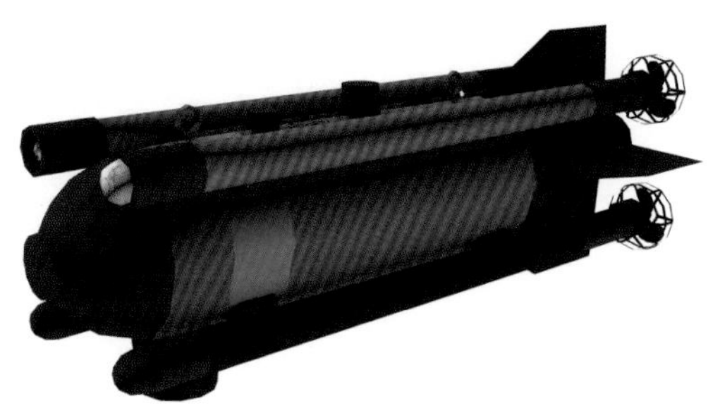

研发历史

“海狐”无人潜艇诞生于 20 世纪 90 年代，主要有“海狐”I 型和“海狐”C 型两种型号，前者主要用于侦察，后者主要用于攻击。除美国海军外，英国海军、芬兰海军和德国海军也采用了“海狐”无人潜艇。2001 年，英国海军向美国海军租借了“海狐”无人潜艇，部署在“班格尔”号猎雷舰和“布莱斯”号猎雷舰（均属于“桑当”级猎雷舰），并先后在伊拉克和利比亚的行动中使用。

基本参数	
长度	1.2 米
重量	45 千克
最高速度	6 节
潜航深度	1000 米
最大航程	0.5 海里
相关简介	

实战性能

“海狐”无人潜艇的体积较小，长约 1.2 米，配备 1 台闭路电视摄像机和声呐定位仪。这种无人潜艇通过光纤进行控制，能向遥控操作员发回实时视频。“海狐”无人潜艇的下潜深度大约为 1000 米，除用于侦察外，还可进行攻击。从某种程度上来说，这种单价约 10 万美元的无人潜艇在一定程度上也是一种“自杀式武器”，能用内置大口径破甲弹摧毁水雷。美国海军主要利用“海狐”无人潜艇进行江河地区的作战评估，以及远征部队的安全保障等。

趣味小知识

“海狐”无人潜艇可以通过直升机和小型橡皮艇部署，或者由扫雷舰运送到需要的海域。

大直径无人潜航器

大直径无人潜航器（Large Displacement Unmanned Underwater Vehicle，LDUUV）是美国海军研究局（ONR）研制的一款无人潜艇。

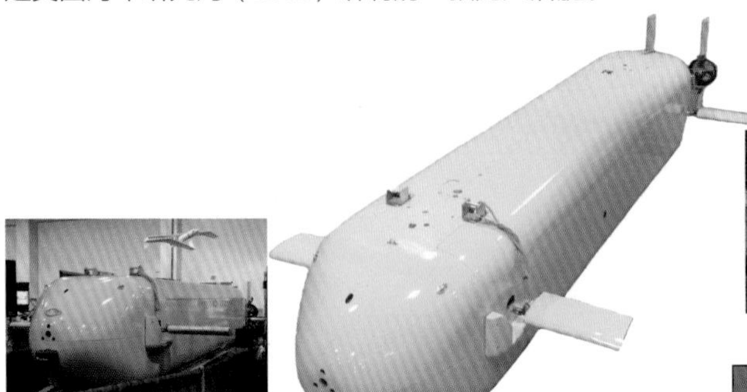

LDUUV 头部特写

LDUUV 尾部特写

基本参数	
潜航排水量	5 吨
长度	5.5 米
最高速度	未公开
潜航深度	未公开
续航时间	28 小时
相关简介	

研发历史

LDUUV 的研制工作始于 21 世纪初，2015 年 4 月中旬在美国海军的“2015 年海空天博览会”上首次展出。2015 年 8 月，美国海军批准了 LDUUV 项目的风险降低决议，即该项目达到了“里程碑 A”阶段，标志着该项目获得了进入下一个开发阶段的授权。2016 年 1 月，LDUUV 开始进行 900 ~ 1100 海里的无人自主航行测试。美国海军研究局尝试通过 LDUUV 解决无人潜航器的长期自主水下作业、利用传感器实现安全自主导航等问题。目前，LDUUV 仍处于测试阶段，计划于 2020 年具备完全作战能力。

实战性能

LDUUV 能够搭载不同传感器和任务模块，灵活配置，自动控制能力更高，能够长时间、远距离执行任务。它既可独立使用，也可在包括巡航导弹核潜艇、攻击型核潜艇和水面舰艇等多种平台上部署。LDUUV 具有扫雷、跟踪、情报侦察、自主工作、智能化攻击的能力，可搭载各种类型的导弹、炸弹甚至核弹进行自主攻击。由于 LDUUV 的直径大于鱼雷发射管，所以要通过改进后的弹道导弹核潜艇导弹发射筒，或核潜艇背负的特种容器进行部署与回收。相比传统潜航器，LDUUV 除了具备更强的多重探测能力外，攻击能力也更加强大。

趣味小知识

LDUUV 代表了世界无人潜航器（UUV）的研究前沿，在多项性能上都有跨越式发展，它将给海军作战人员带来改变游戏规则的能力。

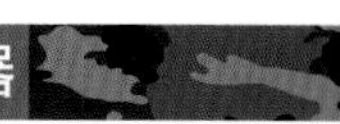

“魔爪”无人车

“魔爪”（TALON）无人车是美国福斯特·米勒公司为美军研制的遥控无人车，可执行排爆、警戒、侦察、核生化探测、攻击等任务。

“魔爪”无人车武装型

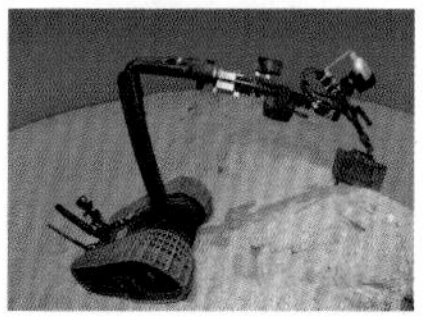

“魔爪”无人车危险品处理型

研发历史

“魔爪”无人车有多种型号，包括基本型、危险品处理型、重物提升型、灵敏反应型、突击型、武装型等，单价从 6 万美元到 23 万美元不等，2000 年首次部署。自 2000 年以来，“魔爪”无人车的生产线一再扩大。由于“魔爪”无人车性能出色，除装备美军外，也被其他国家的军队广泛采用。

基本参数	
高度	0.9 米
重量	45 千克
最大速度	9 千米 / 时
续航时间	4 小时
遥控距离	1000 米
相关简介	

实战性能

在“魔爪”系列无人车中，武装型是极其特殊的型号，它将基本型的排爆装置换成了遥控武器，包括 5.56 毫米 M249 机枪、7.62 毫米 M240 机枪、12.7 毫米 M82 狙击步枪、40 毫米自动榴弹发射器或 66 毫米 M202 火箭发射器等，可根据需要选装。

趣味小知识

美军在伊拉克和阿富汗战场共投入 3000 多辆“魔爪”无人车，成为美军反游击战的有力装备。每当美军有行动时，总会派出“魔爪”无人车对道路两旁、建筑物进行侦察探测，一旦发现爆炸物就立即进行排除，效率是人工排爆的 2 倍以上。

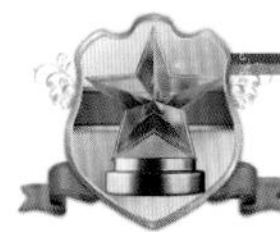

“角斗士”无人车

“角斗士”（Gladiator）无人车是美国海军陆战队装备的多用途无人车，最初的行进方式为履带式，后改为更具机动性的 6×6 轮式驱动。

基本参数	
长度	1.78 米
宽度	1.12 米
高度	1.35 米
重量	800 千克
最高速度	10 千米 / 时
相关简介	

研发历史

“角斗士”无人车项目于 1993 年 11 月正式启动，其前身为美国海军陆战队和美国陆军的“联合战术无人车辆”（TUV）项目。基于不同的任务需求，1995 年两军重新评估了项目进程，并重新制定了研制目标和节点。2003 年，数个工业设计团队参加了军方的试验性评估，2 年后，美国卡内基·梅隆大学国家机器人技术中心和英国宇航系统公司的工业团队正式获得了美国国防部的合同，2006 年完成全系统的设计并达到生产阶段。2007 年，“角斗士”无人车正式装备美国海军陆战队。

实战性能

“角斗士”无人车是一个能够遥控的多用途机器人，它可以在任何天气与地形下，执行侦察、核生化武器探测、突破障碍、反狙击手和直接射击等任务。“角斗士”无人车装备了昼 / 夜摄像机，能够 24 小时对目标进行侦察与监视，此外还安装有一套生化武器探测系统。车体防护方面，“角斗士”无人车可根据任务危险级别搭配不同的装甲配置。车体主要部分能够抵御 30 米距离的 7.62 ～ 12.7 毫米穿甲弹的射击、60 米距离的 155 毫米高爆榴弹爆炸后的冲击波和碎片。武器方面，安装有 7.62 毫米中型机枪和 9 毫米“乌兹”冲锋枪。

趣味小知识

“角斗士”无人车的缺点在于噪声较大，在全速行驶时噪声等级达到 75 分贝，慢速行驶时也有 40 多分贝，这使其在遂行抵近侦察任务时处于非常不利的境地。

MULE 无人车

MULE 无人车是美国洛克希德・马丁公司研制的无人地面车，正式名称为“多功能通用后勤装备”（Multifunction Utility/Logistics and Equipment，MULE）。

XM1219 扫雷型头部特写

XM1217 运输型侧面特写

研发历史

MULE 无人车是洛克希德・马丁公司为“未来战斗系统”（FCS）计划所发展的无人车，主要是为了解决士兵长久以来面临的负载过重的问题。MULE 无人车系统以“通用机动平台”为核心，搭配不同的模块化“任务装备套件”，就可以执行各种不同的任务。洛克希德・马丁公司一共发展了 3 种任务装备套件，即 XM1217 运输型、XM1218 突击型、XM1219 扫雷型。

基本参数	
重量	2500 千克
最大负载	874 千克
越墙高度	0.91 米
越壕宽度	1 米
涉水深度	0.5 米
相关简介	

实战性能

“通用机动平台”重约 2500 千克，采用柴油 / 电力混合驱动，每侧各有 3 个车轮，每个车轮都有独立的马达，可让整个车轮绕轴心做 360 度旋转（又称“摇臂式独立悬吊系统”），使其顺利通过或攀爬各种地形障碍。XM1217 运输型可以负载 874 千克，相当于 2 个步兵班（约 24 名战斗人员）进行 24 小时作战所用的全部单兵装备、重武器以及额外的食物和饮水。XM1218 突击型装有“武装机器人”组件，可安装能 360 度旋转并有良好火控系统的迷你型炮塔。XM1219 扫雷型安装了扫雷用的组件，核心设备为地雷侦测感应系统。

趣味小知识

MULE 无人车各个型号都能自动行驶或由人员在后方遥控作战，并具备高超的机动性能和良好的战场隐身能力，可适应复杂地形，涉足目前连越野性能卓越的“悍马”装甲车都无法到达的地方。

参考文献

[1] 青木谦知．美国空军大揭秘 [M]．长春：吉林出版集团有限责任公司，2013.

[2] 西风．美军无人机大全 [M]．北京：中国市场出版社，2013.

[3] 江泓．美军制式单兵武器大全 [M]．北京：人民邮电出版社，2013.

[4] 李丰．美国海军现代主战舰艇图鉴 [M]．北京：机械工业出版社，2015.

[5] 军情视点．美国陆军武器装备图鉴 [M]．北京：化学工业出版社，2016.

世界武器鉴赏系列

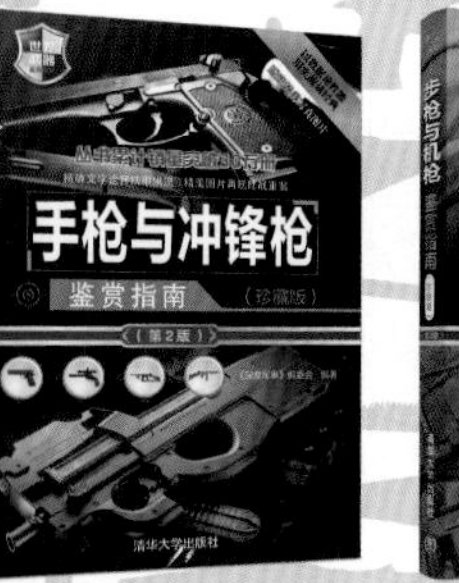
丛书累计销量突破30万册
手枪与冲锋枪
鉴赏指南
（珍藏版）
（第2版）
清华大学出版社

丛书累计销量突破30万册
步枪与机枪
鉴赏指南
（珍藏版）
（第2版）
清华大学出版社

海军陆战队武器
鉴赏指南
（珍藏版）
（第2版）
清华大学出版社

丛书累计销量突破30万册
作战飞机
鉴赏指南
（珍藏版）
（第2版）
清华大学出版社

丛书累计销量突破30万册
全球火炮
鉴赏指南
（珍藏版）
（第2版）
清华大学出版社

丛书累计销量突破30万册
全球导弹
鉴赏指南
（珍藏版）
（第2版）
清华大学出版社

丛书累计销量突破30万册
世界徽章
鉴赏指南
（珍藏版）
（第2版）
清华大学出版社

世界军服
鉴赏指南
（珍藏版）
（第2版）
清华大学出版社

丛书累计销量突破30万册
军用辅助舰艇
鉴赏指南
（珍藏版）
（第2版）
清华大学出版社

丛书累计销量突破30万册
军用辅助飞机
鉴赏指南
（珍藏版）
（第2版）
清华大学出版社

丛书累计销量突破30万册
主战舰艇
鉴赏指南
（珍藏版）
（第2版）

丛书累计销量突破30万册
航空母舰
鉴赏指南
（珍藏版）
（第2版）
清华大学出版社

丛书累计销量突破30万册
民用飞机
鉴赏指南
（珍藏版）
（第2版）

丛书累计销量突破30万册
军用车辆
鉴赏指南
（珍藏版）
（第2版）

航 天 器
鉴赏指南
（珍藏版）
（第2版）
清华大学出版社

反恐装备
鉴赏指南
（珍藏版）
（第2版）
清华大学出版社

新军迷系列丛书

我们只解答不一般的问题
讲述军事科技的真相
别告诉我你懂军事
舰船篇

我们只解答不一般的问题
讲述军事科技的真相
别告诉我你懂军事
《深度军事》编委会◎编著
陆战篇

别告诉我你懂军事
战机篇

别告诉我你懂军事
空战篇

我们只解答不一般的问题
讲述军事科技的真相
别告诉我你懂军事
《深度军事》编委会◎编著
枪械篇

别告诉我你懂军事
特种部队篇

别告诉我你懂军事
经典战役篇

别告诉我你懂军事
冷兵器篇

别告诉我你懂军事
反恐篇